KÄRNTEN

Günter Lehofer

Wanderungen in Kärnten

Kärntner Seen

50 ausgewählte Tageswanderungen
rund um die Kärntner Seen

Mit 61 Farbfotos,
50 Wanderkärtchen im Maßstab 1:50 000 und 1:100 000, sowie
drei Freytag & Berndt-Übersichtskarten im Maßstab 1:500 000

BERGVERLAG ROTHER GMBH · MÜNCHEN

Umschlagbild:
Faaker See mit Mittagskogel, Tour 33 (Karawanken)

Bild gegenüber dem Titel (Seite 2):
Auf der Eggeralm. Der Almmugel des Poludnig (im Hintergrund)
läßt sich von hier problemlos ersteigen.

Alle Fotos vom Autor, außer dem Titelbild (Touristikbüro Faak am See).

Kartographie:
Wanderkärtchen im Maßstab 1:50 000 und 1:100 000
sowie Übersichtskarten im Maßstab 1:500 000 und 1:2 000 000
© Freytag & Berndt, Wien, ausgenommen das Kärtchen der Tour 11
(© Fremdenverkehrsamt Klagenfurt).

4. Auflage 2002
© Bergverlag Rother GmbH, München

ISBN 3-7633-4187-0

ROTHER WANDERFÜHRER

Achensee · Allgäu 1, 2, 3, 4 · Andalusien Süd · Aostatal · Appenzell · Arlberg · Außerfern · Azoren · Bayerischer Wald · Berchtesgaden · Berner Oberland Ost, West · Bodensee · Böhmerwald · Bozen · Bregenzerwald · Chalkidiki · Chiemgau · Comer See · Côte d'Azur · Dachstein · Davos · Dolomiten 1, 2, 3, 4, 5, 6 · Eifel · Elba · Elbsandstein · Ober-, Unterengadin · Fränkische Schweiz · Gardaseeberge · Gasteinertal · Genfer See · Gesäuse · Gomera · Gran Canaria · Grazer Hausberge · Harz · Hierro · Hochkönig · Hochschwab · Innsbruck · Isarwinkel · Island · Julische Alpen · Kaiser · Kärnten · Karwendel · Kaunertal · Kitzbüheler Alpen · Korsika · Kreta Ost, West · Lago Maggiore · Ligurien Ost · Madeira · Mallorca · Meran · Montafon · Mont Blanc · Golf von Neapel · Nockberge · Norische Region · Norwegen Süd · Odenwald · Ossola-Täler · Osttirol · Osttirol Süd · Ötscher · Ötztal · La Palma · Pfälzerwald · Pinzgau · Pitztal · Pongau · Provence · Pyrenäen 1 · Rhön · Riesengebirge · Salzburg · Salzkammergut · Samos · Sardinien · Sauerland · Schottland · Schwäbische Alb Ost, West · Schwarzwald Nord, Süd · Schweden Süd und Mitte · Seealpen · Seefeld · Sizilien · Spessart · Steigerwald · Sterzing · Stubai · Tannheimer Tal · Hohe Tatra · Hohe Tauern Nord · Tauferer- und Ahrntal · Taunus · Tegernsee · Teneriffa · Tessin · Teutoburger Wald · Thüringer Wald · Toskana Nord · Überetsch · Vierwaldstätter See · Vinschgau · Vogesen · Vorarlberg · Wachau · Ober-, Unterwallis · Walsertal · Weserbergland · Wien · Wiener Hausberge · Wildschönau · Zillertal · Zugspitze · Zürichsee · Zypern

**Liebe Bergfreunde! Der Bergverlag Rother freut sich über jede
Anregung und Berichtigung zu diesem Rother Wanderführer.**

BERGVERLAG ROTHER · München
D-85521 Ottobrunn · Haidgraben 3 · Tel. (089) 608669-0
Internet www.rother.de · E-mail leserzuschrift@rother.de

Vorwort

Kärnten gehört zu jenen Urlaubsgebieten, die bereits bestens bekannt sind und auf eine breite Stammkundschaft zurückgreifen können. Kein Wunder, denn kaum eine Region unserer Alpen kann auf eine derart reiche Palette an Landschaftsformen und Freizeitmöglichkeiten zurückgreifen wie mein Heimatland: Unzählige Seen, ein sonnenverwöhntes Klima, einladende Grasberge, die schroffen Karawanken und nicht zuletzt die Eisgipfel der Hohen Tauern – es ist alles geboten.

Hauptattraktion aber – seien wir ehrlich – sind die warmen Badeseen. Sie haben zu keiner Zeit den Vergleich mit der Mittelmeerkonkurrenz scheuen müssen. Im Gegenteil: Die preiswerten, sauberen Ferienziele Kärntens gewinnen immer mehr Freunde, seitdem die Ziele am Mittelmeer zusehends in Verruf geraten.

Die Seen selbst sind Geschenke der Eiszeit. Zum Gebiet dieses Führers gehören der Weißensee, der Pressegger See, der Millstätter See, der Ossiachersee, der Brennsee, der Afritzsee, der Faakersee, der Wörthersee, der Keutschacher See, der Hafnersee, der Rauschelesee, der Klopeiner See, der Turnersee, der Gösselsdorfer See und der Längsee. Das sind noch nicht alle Kärntner Badeseen.

An diesen Seen ist der Tourismus stark entwickelt. Wer vom Strand ein Stück weggeht, oft genügen 100 m, findet noch sehr viel Natur. Vor allem in den siebziger Jahren wurden die örtlichen Wege für die Urlauber ausgebaut und hergerichtet. Seither ist dieses Wegenetz vorbildlich in Ordnung. Dazu kommen die bewährten Wege und Steige der alpinen Vereine.

Der Ruf »vom Strand zum Gipfel« wird an Kärntens Seen von den Gästen immer öfter angenommen. Die 50 Tips dieses Führers bieten neben Spaziergängen ordentliche Gipfelziele. Es ist nur ein kleiner Ausschnitt aus der Fülle von Tourenmöglichkeiten des Kärntner Seenlandes, der Familien mit Kindern, Senioren, Liebhaber von Spaziergängen und echte Bergfreaks gleichermaßen zufriedenstellen will. Die vorgestellten Wanderungen geben einen umfassenden Überblick über die Landschaften und zählen zweifellos zu den schönsten der gesamten Region. In den letzten Jahren wurden die Almregionen für den Urlauber erschlossen. Neue Hütten wurden gebaut, alte erneuert, aber vor allem wird bäuerlich-biologische Kost häufig angeboten. Viele Almhütten können für Urlaube gebucht werden.

Ich lade alle Freunde des Wanderns ein, die Vielfalt und Faszination der Kärntner Landschaft zu Fuß kennenzulernen.

Klagenfurt, im Frühjahr 2002   Günter Lehofer

Inhaltsverzeichnis

Touristische Hinweise

Zum Gebrauch des Führers

Den einzelnen Tourenvorschlägen sind die wichtigsten Informationen steckbriefartig vorangestellt. Einer Charakterisierung der Wanderung folgt die Beschreibung des Wegverlaufes. Das farbige Wanderkärtchen im Maßstab 1:50 000 ist mit einer Routeneintragung versehen. Im Stichwortverzeichnis am Schluß sind alle behandelten Berge, Talorte, Ausgangspunkte, Stützpunkte und Etappenziele angeführt. Auf der Umschlag-Rückseite informiert eine Übersichtskarte über die Lage der einzelnen Wanderziele.

Anforderungen

Die meisten Wanderungen verlaufen auf markierten Pfaden und Wegen. Dies sollte jedoch nicht darüber hinwegtäuschen, daß manche Touren eine gute Kondition, Trittsicherheit, Schwindelfreiheit und vor allem Orientierungssinn erfordern. Außerdem ist zu beachten, daß die Touren im Frühjahr und nach längeren Schlechtwetterperioden häufig erhöhte Anforderungen aufweisen. Um die jeweiligen Anforderungen besser einschätzen zu können, wurden die Tourenvorschläge (Tourennummern) mit verschiedenen Farben markiert. Diese erklären sich wie folgt:

BLAU

Diese Wege sind überwiegend gut markiert, ausreichend breit und nur mäßig steil, daher auch bei Schlechtwetter relativ gefahrlos zu begehen. Auch Kinder und ältere Leute können ohne Gefahr auf ihnen wandern.

ROT

Diese Steige sind in der Regel ausreichend markiert, überwiegend aber schmal und können über kurze Abschnitte bereits etwas ausgesetzt sein. Deshalb sollten sie nur von trittsicheren Bergwanderern begangen werden.

SCHWARZ

Diese Steige sind meist ausreichend markiert, aber häufig schmal und steil angelegt. Stellenweise können sie sehr ausgesetzt sein, manchmal wird die Zuhilfenahme der Hände notwendig. Dies bedeutet, daß diese Wege nur von trittsicheren, schwindelfreien, konditionsstarken und alpin erfahrenen Wanderern angegangen werden sollten.

Gefahren

Die meisten Touren folgen guten und markierten Wegen, bei besonderer Ausgesetztheit oder anspruchsvoller Wegführung wird im Text darauf hingewiesen. In alpinen Regionen muß selbst im Hochsommer mit schneebedeckten Rinnen, plötzlich auftretenden Gewittern, dichtem Nebel und sogar

Hochobir-Gipfelwiese mit Blick zum Kleinobir.

mit Schneefällen gerechnet werden. Erkundigen Sie sich deshalb bitte vor alpinen Unternehmungen nach den Verhältnissen.

Beste Jahreszeit
In den Tallagen rund um die Kärntner Seen kann fast das ganze Jahr über gewandert werden, für alpine Touren treffen Sie in der Zeit von Juni bis Oktober die besten Bedingungen an.

Ausrüstung
Festes Schuhwerk mit griffiger Sohle, strapazierfähige Hose, Regen-, Wind- und Kälteschutz sowie ein Tourenproviant (vor allem ausreichend Flüssigkeit) sind bei den meisten Touren Voraussetzung.

Karten
Die den einzelnen Wandervorschlägen beigegebenen farbigen Wanderkärtchen mit Routeneintragungen (Maßstab 1:50 000) sind ein wesentlicher Bestandteil des Führers. Sollten Sie sich zusätzlich ein Kartenblatt zulegen wollen, so seien Ihnen die Freytag&Berndt-Wanderkarten 221 »Millstätter See – Spittal – Nockalmstraße«, 222 »Bad Kleinkirchheim – Krems – Radenthein – Reichenau«, 223 »Weißensee – Gailtal – Naßfeld«, 224 »Faaker See –

Ferlacher Horn und die Karawanken.

Villach – Unteres Gailtal«, 225 »Kreuzeckgruppe – Mölltal«, 231 »St. Veit –
Feldkirchen – Gurktal«, 232 »Völkermarkt – Klopeiner See – Turner See«,
233 »Kärntner Seen – Villach – Klagenfurt« und 234 »Klopeiner See –
Rosental – Klagenfurt« empfohlen (alle Maßstab 1:50 000).

Gehzeiten
Die Zeitangaben enthalten nur die reine Gehzeit – ohne Rasten oder Foto-
pausen! Es werden Anstiegs-, Abstiegs- und Gesamtgehzeit vermerkt. Bei
längeren Touren sind auch die Zeiten für einzelne Etappen angeführt.

Einkehr
Im Abschnitt »Einkehr« finden Sie an einer Wanderroute gelegene, zur Som-
merzeit geöffnete Stützpunkte. Da die Öffnungszeiten im Frühjahr und im
Herbst witterungsabhängig sind, empfiehlt es sich, vorher im Tal Erkundi-
gungen einzuholen.

Natur- und Umweltschutz
Respektieren Sie bitte alle Pflanzen und Tiere, nehmen Sie Ihre Abfälle wieder mit ins Tal und benutzen Sie nach Möglichkeit die öffentlichen Verkehrs-
mittel – viele Ausgangspunkte der in diesem Büchlein vorgestellten Wanderungen können problemlos mit deren Hilfe erreicht werden.

Wandern in Kärnten

Vielfalt der Landschaft

Kärnten bietet mit den Karnischen Alpen, den Karawanken und den Gailtaler Alpen Kalkgebirge. Die Hohen Tauern, die Kreuzeckgruppe bestehen aus »Urgestein«. Dann kommen die idealen Wanderberge aus der Gruppe der Nockberge (Gurktaler Alpen, Saualpe, Koralpe) hinzu. Für Kärntens Wandervielfalt nicht zu vergessen sind die niedrigen Berge bis und knapp über 1000 m in der zentralen Beckenlandschaft, die wegen ihrer Stellung zwischen den hohen Grenzbergen beste Aussicht bieten. Dazu kommen eine Vielzahl von Spazierwegen, die örtlich angeboten werden. Für das Gebiet dieses Führers existieren mehr als 500 Angebote, die markiert sind und betreut werden. Die einzelnen Orte haben in der Regel eigene Wanderkarten mit Tourenhinweisen.

Spazierwege und Bergtouren

In diesem Führer wird eine breite Palette von Spazierwegen bzw. ganz einfachen Waldwanderungen in der Umgebung der Badeseen und eher anspruchsvollen Gipfelzielen aus der Bergumgebung angeboten. Die Erfah-

Almspaziergang auf der anfahrbaren Eggeralm bei Hermagor.

rung lehrt, daß die Seeumgebung auch von Menschen zum Wandern angenommen wird, die sehr wenig Erfahrung, Ausrüstung und Kondition haben. Die Spazierwege sind speziell für diese Gruppe gedacht, ebenso einfache Waldwanderungen wie der Hohe Gallin. Schon einfache Bergwanderungen wie der Große Rosennock können für die genannte Gruppe eine unüberwindliche Schwierigkeit sein. Spazierwege und Waldwanderungen sind in der Regel BLAU markiert, mittelschwere Wanderungen ROT, schwierigere Bergtouren SCHWARZ. An dieser Farbmarkierung sollten Sie sich bei der Tourenauswahl orientieren, damit dem Genuß nichts im Wege steht.

Vegetation und Tierwelt

Pflanzen und Tiere sind nicht nur in der freien Natur zu beobachten. Deutlich angenehmer sind die Naturgärten und Waldlehrpfade usw., die in die vielfältige Flora Kärntens einführen. Sie bietet aufgrund der Mittellage zwischen dem europäischen Zentralraum und dem Mittelmeer eine große Vielfalt. Besonders stolz sind die Kärntner auf einige Eiszeitrelikte wie die Wulfenia (Kuhblume), die im Naßfeldgebiet und im Himalaya vorkommt, oder die berühmte, geschützte Gamsgrube im Glocknergebiet. Auch die heimische Tierwelt läßt sich in den zahlreichen Wildparks müheloser bewundern. Der Wanderer kommt aus vielen Gründen selten zur direkten Tierbeobachtung im Gelände. Gelegentlich taucht in Kärnten auch ein Karawankenbär auf, der von Slowenien herübergewechselt ist.

Nationalparks

Kärnten hat Anteil am Nationalpark Hohe Tauern mit Venediger und Glockner als Mittelpunkt. Der Nationalpark Nockberge liegt zur Gänze in Kärnten und schützt ein noch ziemlich unverbrauchtes Mittelgebirge bis 2400 m Seehöhe. Beide Parks werden bestens gehegt und für den Besucher hergerichtet.

Weitwanderwege

Kärnten ist in das Netz der zehn offiziellen, überregionalen Weitwanderwege Österreichs eingebunden. Der Nordsüdweg 05 führt über die Koralpe, der Nordsüdweg 08 (Eisenwurzenweg) über die Saualpe, der Nordsüdweg 09 (Salzsteigweg) durch die Nockberge, der Nordsüdweg 10 (Rupertiweg) durch die Zentralalpen zum Naßfeld. Der Südalpenweg 03 folgt der Kärntner Südgrenze durch die Karnischen Alpen und die Karawanken. Der Zentralalpenweg 02 berührt Kärnten an der Nordgrenze zu Salzburg.
In Kärnten selbst bieten sich zahlreiche Mehrtageswanderungen an: Die überregional populärste ist der Karnische Höhenweg von Osttirol nach

Der Aufstieg zur Hochpetzen (Feistritzer Spitze) fordert viel Schweiß.

Die Reißeckbahn überwindet von Kolbnitz (Mölltal) aus 1500 Höhenmeter.

Kärnten. Der Unterkärntner Hügelweg von Klagenfurt auf die Koralpe bietet für die Vor- und Nachsaison schönes Wandern an, der Lavanttaler Höhenweg ist in Kärnten wohleingeführt, der Gailtaler Höhenweg als Gegenstück zum Karnischen Höhenweg auf der Gailtalnordseite ist noch Fragment. Der Kärntner Weitwanderhöhepunkt ist der Kärntner Grenzweg. Er nützt die geographische Tatsache aus, daß Kärnten fast überall eine Berggrenze hat, und führt ganz grenznahe und berghoch rund um Kärnten. Gesamtlänge ca. 805 Kilometer, 45 vorgeschlagene Tagesetappen.

Medaillen, Wandernadeln
Manche Wanderer mögen auch einen metallenen Nachweis für ihre Leistung. Kärnten bietet örtlich und überregional eine gewaltige Fülle von Medaillen, Wandernadeln und Abzeichen an.

Wegezustand und Unterkünfte
Die alpinen Vereine und die örtlichen Fremdenverkehrsämter haben ein ausgedehntes Wegenetz markiert und betreuen es auch. Auftretende Mängel sind vorübergehender Natur und selten. Das größte Risiko sind frische Güterwegbauten im Wald. Diese stören Markierung und Wegenetz eine Zeitlang. – Die alpinen Schutzhütten wurden immer komfortabler. Sie nähern sich in vielen Fällen dem Niveau einer Frühstückspension mit Dusche. Im Gegensatz zu Südtirol und Tirol sind die Hütten dieses Gebietes meist nicht überfüllt. Ein Spezialfall sind jene Unterkünfte auf Almen, die vom Senner oder der Sennerin betreut werden. Diese meist einfachen Übernachtungsmöglichkeiten sind nur während der Weidezeit geöffnet. Die Informa-

tionsstellen im Tale und die Gendarmerieposten können meist Auskunft geben, ob so eine Hütte noch bewirtschaftet ist.

Almurlaub

Seit Neuestem ist auch eine Buchung von Almhütten für den Urlaub möglich. Von der Hütte nur mit Quellwasser bis zur Komforthütte mit SAT-TV gibt es ein reiches Angebot. Der Almhüttenkatalog beschreibt jede Hütte mit vielen Einzelheiten (kostenlos zu bestellen bei Kärnten Information, ✆ 0043/463/3000). Wer lieber Urlaub auf dem Bauernhof macht, kann sich den entsprechenden Katalog unter ✆ 0043/463/330099 beim Landesverband Urlaub am Bauernhof bestellen.

Schlafsackpflicht

Der Alpenverein hat seit 1992 für seine Hütten die Schlafsackpflicht eingeführt. Der Leintuchschlafsack ist aber auch sonst recht nützlich.

Grenzen zu Italien und Slowenien

Die Grenzposten zwischen Österreich und Italien (Schengenzone) sind abgebaut. Die Grenze nach Slowenien ist für Wanderer auf markierten Wegen ohne Formalitäten passierbar. Da sie aber als Schengen-Außengrenze in Österreich schärfer kontrolliert wird, ist die Mitnahme des Ausweises wichtig. Die slowenische Seite ist derzeit bemüht, großzügig zu sein. Es könnte sein, daß sich wegen des EU-Beitritts Sloweniens ab 2004 die Schengenzone auch auf Slowenien erstrecken wird. Dann wäre die Grenze so frei zu begehen wie die Grenze gegenüber Italien.

Kärnten Card und anderes

Mehr als 80 Anbieter von Bergbahnen, Schifffahrtslinien, Ausflugszielen geben Ermäßigungen an die Besitzer der Kärnten Card. Sie gilt vom 13. Mai bis 14. Oktober. Für Erwachsene kostet sie 32 Euro, für Kinder von 7 bis 15 Jahren 13 Euro. Kinder unter 6 Jahren erhalten sie kostenlos, ebenso konstenlos ist sie ab dem dritten Kind. Es gibt immer wieder kleine Änderungen im Angebot der KärntenCard. Zentrale Auskunft: ✆ 0043/4274/52100.
Es gibt neben der Kärnten Card zahlreiche örtliche Sonderangebote und Ermäßigungen. Sie wechseln oft von Saison zu Saison. Auskünfte gibt es in den örtlichen Prospekten und bei den Betrieben selbst.
Viele Almauffahrten sind Mautstraßen.

Radwege und Biken

Kärnten bemüht sich, das Radwandernetz zu erweitern. Der Drau-Radweg ist inzwischen voll ausgebaut. Zahlreiche Bahnhöfe bieten Leihräder an. Auch für Mountain-Biker gibt es deutlich mehr Angebote als früher – besonders mustergültig ist das Angebot von nock-bike in den Nockbergen.

Weitere Hinweise

Anreise

Die wichtigste Route für die Autourlauber ist die Tauernautobahn von Salzburg nach Kärnten (Mautstrecke). Es gibt Rückvergütungen, die im Angebot oft wechseln. Fragen beim Buchen kann sich lohnen. – Die Mautstrecke läßt sich durch das Ausweichen auf die Bundesstraße über Hohentauern und den Katschberg vermeiden.

Die Felbertauernstraße von Salzburg über Osttirol nach Oberkärnten ist auch mautpflichtig. Die Österreichische Bundesbahn bietet zwischen Bad Gastein und Mallnitz einen ständigen Autoschleusenzug an. Er hilft manchmal gegen den drohenden Stau.

Die Großglockner-Hochalpenstraße (Maut) führt von Salzburg nach Heiligenblut in Kärnten. Für diese landschaftlich sehr eindrucksvolle Straße gilt allerdings eine lange Wintersperre (in der Regel bis Anfang Mai), zudem ist sie in den Sommermonaten meist sehr stark freQuentiert.

Etwas weiter hergeholte Anfahrtsstrecken sind die über den Brenner durch Südtirol nach Osttirol in das Kärntner Drautal und über die Pyhrnautobahn und die Steiermark in den Ostkärntner Raum.

Die Österreichischen Bundesbahnen bieten gemeinsam mit der Deutschen Bahn eine Reihe von Reisezügen nach Kärnten an. In der Hauptsaison sind Sitzplatzreservierungen sehr zu empfehlen.

Der Flughafen Klagenfurt ist mit Frankfurt am Main und Wien verbunden. Auch der rund 80 Kilometer entfernte slowenische Flughafen Brnik bei Ljubljana (Laibach) wird manchmal genutzt.

Bergrettung

Alle Schutzhütten und viele bewirtschaftete Almen haben Telefonverbindung zur Bergrettung oder Gendarmerie im Tal.

Güterwege und Forststraßen

In der Regel Fahrverbot für Nichtanwohner. Manche Wege sind auf eigene Gefahr befahrbar. Vor Benutzung örtlich nachfagen. Es ändert sich ständig.

Telefon nach Österreich

Von Deutschland und von der Schweiz 0043.
Von Österreich nach Deutschland 06, in der Schweiz 05.

Verkehrsmittel

Alle Orte sind durch öffentliche Busdienste miteinander verbunden. Beachten Sie bitte, daß in den Ferien viele Busse nicht verkehren. Für viele Sehenswürdigkeiten gibt es eigene Ausflugsdienste. Information erhalten Sie vor Ort.

Ossiach am See – Zentrum des »Carinthischen Sommers« (Kulturfestival).

Auskunft

Jede Kärntner Fremdenverkehrsgemeinde hat ein eigenes Fremdenverkehrsamt bzw. eine Kurdirektion, die Auskünfte gibt und Prospekte zusendet. Hier sind die größeren Mitglieder des Regionalverbandes angeführt:

- Verein Nockberge-Bad Kleinkirchheim, Bach 120, 9546 Bad Kleinkirchheim, ✆ 04240/8212, Fax 8537
- TV Südkärnten, Kirchplatz 1, 9141 Eberndorf, ✆ 04236/3177, Fax 3177-4
- Verein Carnica Rosental, Kirchgasse 5, 9170 Ferlach, ✆ 04227/5119, Fax 4970
- Tourismusverband Karnische Region, Naturarena Kärnten, Hauptstraße 14, 9620 Hermagor, ✆ 04282/3131, Fax 3131-31
- Millstätter See Tourismus GmbH, 9872 Millstatt, ✆ 04766/3700, Fax 3700-8
- Wörthersee Tourismus GmbH, Hauptstraße 160, 9210 Pörtschach am Wörthersee, ✆ 04272/4488, Fax 4488-19
- Villach/Therme Warmbad – Faaker See – Ossiacher See Tourismus, 9523 Villach, ✆ 04242/42000, Fax 42000-42
- TV Lieser-Maltatal, Hauptplatz 23, 9623 Gmünd, ✆ 04732/2222, Fax 3978
- Regionalverband Lavanttal, Minoritenplatz 1, 9400 Wolfsberg, ✆ 04352/2878, Fax 2878-9
- Sportregion Mölltal, 9822 Mallnitz, ✆ 04784/522, Fax 635
- Klagenfurt Tourismus, Neuer Platz 1, 9020 Klagenfurt, ✆ 0463/5372223, Fax 537621

Internet: Auf der Website www.rother.de des Bergverlags Rother finden Sie zahlreiche nützliche Internet-Links zu Kärnten.

Weißensee und Pressegger See

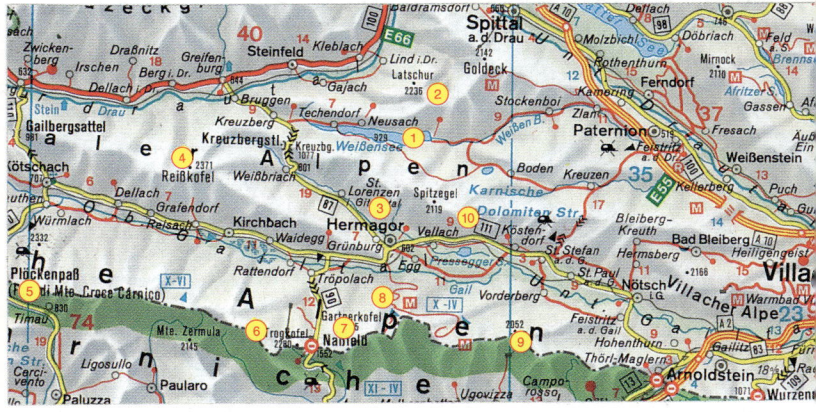

Zwei Spezialitäten

Der Weißensee schmiegt sich wie ein norwegischer Fjord langgezogen und schmal in steile Berghänge ein, und der Pressegger See liegt wie eine flache Badewanne im **Gailtal** zwischen den Zweitausendern im Norden und Süden. In dieser Landschaft dominieren die Berge. Aber die Seen nützen ihre Gunstlage aus und werden im Sommer zu warmen Badeseen. Im Winter frieren sie zu und lassen sich für das Eislaufen nutzen. Die EU würdigte die Weißenseeregion mit dem Europäischen Preis für Tourismus und Umwelt.

Die Zufahrt zum Raum zwischen Spittal an der Drau und der Grenze zu Italien einerseits und Villach und der Grenze zu Osttirol andererseits kennt als Hauptroute die Tauernautobahn von Salzburg nach Villach. Von Villach her ist das Gailtal gut erschlossen. Die »kleine« Zufahrt von Norden führt über die Felberntauernstraße und Lienz in Osttirol. Von dort geht es nach Oberdrauburg in Kärnten und von hier über den Gailberg nach Kötschach-Mauthen im Gailtal oder über Greifenburg und den gut ausgebauten Kreuzberg an den Weißensee und weiter nach Hermagor. Hermagor ist der Hauptort des Gailtales. Eine Eisenbahn von Villach aus und öffentliche Busse vermehren das Verkehrsangebot.

Das Gailtal und seine Berge waren touristische Nachzügler. Das hat für die Urlauber, die die Natur mögen, mehr Vorteile gebracht als Nachteile. Hier gibt es noch viel unverbrauchte Landschaft. Unterkunft und Gastronomie haben aufgeholt. Die Palette für den Urlaub umfaßt neben den gepflegten

Am Weißensee – auch Wandern mit dem Schiff ist möglich.

Wanderwegen ebenso Radwege, Reiten, Rafting auf der Gail. Der Gesundheitsurlaub wird verstärkt angeboten. Kulturell sind die spätmittelalterlichen Dome in Hermagor und Mauthen einen Besuch wert. Die Spezialität der Gegend ist aber eine doppelte. Sie ist einerseites eine mit viel Fachkenntnis und Aufwand vorgestellte geologische Geschichte des Gailtales. Mit fünf Naturpfaden (Plöckenpaß, Garnitzenklamm, Naßfeld, Zollnersee, Wolayersee) und 12 Geopunkten wird die 500 Millionen Jahre dauernde Geschichte der Landschaft erläutert. Die zweite Spezialität ist die Wiederherstellung von Kriegspfaden und Stellungen aus dem Ersten Weltkrieg. Wie in den Dolomiten werden sie nun Friedenspfade genannt. Für dieses hier angesprochene Gebiet sind die Zentren das Plöckenmuseum im Rathaus von Kötschach-Mauthen und die großen Freiluftmuseen im Plöckenpaßgebiet.

Die Karnischen Alpen als südliche Grenzberge sind durch Steige und Unterkünfte gut erschlossen. Die Gailtaler Alpen haben sich auch hier urtümlicher erhalten. Nicht für jede Tagesvariante kann eine Unterkunft angeboten werden. Planung ist gefragt. Das gilt etwa für den noch unfertigen Gailtaler Höhenweg, der dafür die Fans mit dem Schlafsack anlockt.

Die hier beschriebenen Tips sind von den alpinen Vereinen und den örtlichen Wegebauern bestens markiert und betreut. Es lassen sich leicht drei Typen unterscheiden. Da gibt es die angenehmen Spazierwege an den

Seeufern, die ohne Höhenmeterplage Naturgenuß bieten. Dann kommen die mittleren Berge dran wie der Golz oder der Latschur, die technisch problemlos zu erwandern sind. Das Gelände bietet mit dem Reißkofel aber auch einen super Wanderberg, der im Gipfelstück neben der Trittsicherheit auch Schwindelfreiheit verlangt.

Außerdem werden Themenwege wie ein Feuchtwiesenweg »Wasser und Land«, »Von Fischern und Fischen«, »Dem Waldglas auf der Spur«, ein EU-Themenweg »Wegweiser für Morgen« oder der Märchenuferweg »Morgenrot küßt Silbermond« angeboten. Ein eigener Prospekt führt in die Themenwege ein.

Daneben gibt es zwölf markierte Laufparcours zwischen drei und neun Kilometern Länge, für die eine Lauffibel erhältlich ist, sowie mehr als 80 Kilometer Mountainbikewege und dazu eine eigene Mountainbikekarte.

Natürlich bemühen sich zahlreiche Gasthöfe und Bauernhöfe, dem Drang zu Naturprodukten zu entsprechen. Hier entwickelt sich das Angebot ständig. Hervorgehoben sei der Gasthof »Kellerwand« in Kötschach-Mauthen, dessen Wirtin seit Jahren zu den Haubenwirtinnen in Österreich gehört. Sie pflegt besonders die erneuerte regionale Küche. Daß Haubenlokale teurer sind als Gasthöfe der einfachen Art, gilt auch für das Gailtal. Die Prospekte führen in den aktuellen Zustand detailliert ein.

Naturnahe und nicht überlaufen

Der kleine **Pressegger See** (0,6 Quadratkilometer) im Gailtal bei Hermagor ist ein landschaftliches Kleinod. Er ist der Rest eines einst etwa zehnmal größeren Sees. Die noch erhaltenen Verlandungsgebiete zeigen das deutlich. Der Badesee entwickelte sich zum Zentrum eines gut florierenden kleinen Urlaubsgebietes. Es setzt neben dem Baden vor allem auf das Wandern. Aber auch Radwege sind vorhanden. Ein Erlebnispark sorgt inzwischen für Abwechslung.

Der See liegt wie eine große Badewanne vor den über 2000 m hohen Gipfeln der Karnischen Alpen im Süden. Die nördliche Begrenzung mit Spitzegel, Vellacher Egel und Graslitzen ragt in einem einzigen Steilhang von 560 m Seehöhe am See bis zu 2119 m auf dem Spitzegelgipfel auf.

Die Wanderangebote lassen sich in drei Gruppen einteilen. Es gibt kurze Spazierwege im Tal und dem angrenzenden Wald. Der örtliche Führer, das Begleitheft zur Wanderkarte Hermagor, nennt mehrere Dutzend halbstündiger bis zweistündiger Spazierwege. Es folgen einfache Höhenwanderungen. Von ihnen ist der Aufstieg zum Oisternig aufgenommen. Von den zahlreichen anspruchsvolleren Bergwanderungen wurden der Gartnerkofel, die Graslitzen, die Garnitzenklamm und der Hochwipfel berücksichtigt.

Die Nordwand des Reißkofel. Der Wanderer umgeht sie.

1 Zum Ortsee und zurück

Landschaftlich besonders reizvolle flache Wanderung am Nordufer des Weißensee

Gasthof Ronacherfels – Ortsee (See-Ende) – Gasthof Ronacherfels

Ausgangspunkt: Zufahrt mit dem Auto bis Neusach. Von Neusach am Nordufer darf man noch ein Stück bis knapp vor dem Gasthof »Ronacherfels« zufahren. Der örtliche Wanderweg 19 führt von Neusach durch kühlen Wald auch dorthin und ist vorzuziehen. Die dritte Möglichkeit ist die Anfahrt mit einem Schiff der Weißenseeschiffahrt.
Gehzeiten: Drei Stunden für Ronacherfels

– Ortsee mit Gasthof »Dolomitenblick« (Schiffstation). Zu Fuß zurück 3 Stunden.
Höhenunterschied: Zwei kleine Steigungen (keine über 60 Höhenmeter) sind zu überwinden.
Anforderungen: Leichte Wanderung in Ufernähe. Bei Feuchtigkeit sind zeitweise Wurzeln zu beachten.
Einkehr: Gasthof »Ronacherfels«, Gasthof »Dolomitenblick«.

Von allen Spazierwegen des Weißensee ist dieses Stück am natürlichsten erhalten geblieben. Es gibt keine Häuser oder touristischen Bauten. Der Steig führt fast immer seenahe und erlaubt den Tiefblick in das klare, bei Schönwetter smaragdgrüne Wasser des Weißensee.
Der örtliche *Weg 19* findet nach dem **Gasthof »Ronacherfels«** gerade noch Platz zwischen dem sehr steilen Waldhang und dem See. Der Blick der Wanderer geht daher selten nach oben, sondern wendet sich dem See zu. Das Wasser ist sehr klar und bekommt an Schönwettertagen die beliebte, smaragdene Farbe. In Ufernähe liegen häufig Äste unter Wasser, vereinzelt liegen Bäume schräg nach unten und weisen in die Tiefe. Nach einer guten halben Stunde kommt man zu einer öffentlichen Unterstandshütte mit einer guten Quelle. Nach weiteren 15 Minuten erreicht man eine kleine Bucht mit

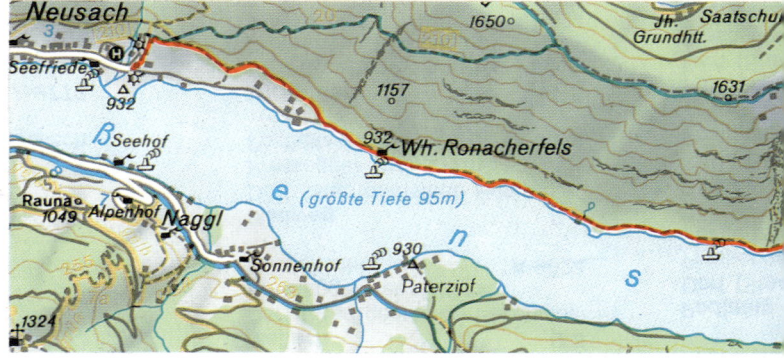

Ein Spitzen-Dreiwanderschuh-Spazierweg am Weißensee-Nordufer.

einem kleinen Felsen. Hier ist eine **Schiffsanlegestelle** und damit eine Unterbrechungsmöglichkeit. Nach dem Kurzanstieg der Kleinen Steinwand folgt wieder der Abstieg zum Waldufer und bald die Hohe Steinwand. Dieser Wegpunkt liegt etwa 60 Höhenmeter über dem See und bietet den farbenprächtigen Tiefblick einerseits und den Blick zum anderen Seeufer mit den steilen, dunklen Abhängen der Laka. Der See hat hier seine tiefste Stelle mit 99 Metern. Hier kommt am Ufer als bisher einzig bekannter Stelle in Österreich der Kugelginster (cytisanthus radiatus) vor. Die folgenden **Gossaria-Wiesen** sind die einzigen Ro-

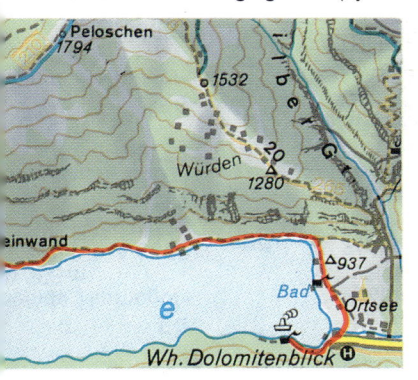

dungsflächen in diesem Waldsteilgelände. Sie sind besonders wiesenblumenreich. Der Weiterweg führt zum See-Ende, das hier **Ortsee** heißt. Der Weg geradeaus geht weiter zum Gasthof »Mößlacher«, nach rechts passiert er den Campingplatz und endet beim Gasthof »Dolomitenblick«. Wer zum Mößlacher weitergeht, kann auch auf markiertem Steig hierher kommen (zusätzlich eine knappe Stunde). Vom »Dolomitenblick« wird traditionell mit dem Schiff zurückgefahren.

2 Latschur, 2236 m

Wald- und Almwanderung auf den höchsten Gipfel der Latschurberge

Neusach am Weißensee – Peloschen – Stosia – Latschur – Stosia – Peloschen – Neusach

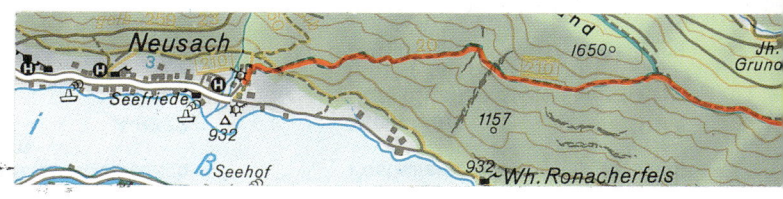

Ausgangspunkt: Umkehrschleife in Neusach, ca. 960 m.
Gehzeiten: Neusach – Stosia 3½ Stunden, Stosia – Latschur 1½ Stunden. Gesamtgehzeit 9 Stunden.
Höhenunterschied: Ca. 1270 m Auf- und Abstieg.
Anforderungen: Nur für ausdauernde Wanderer. Keine technischen Schwierigkeiten.
Einkehr: Keine.
Tip: Auf der Stosia Prüfung, ob man sich den Weiterweg zeitlich und kräftemäßig zutrauen sollte. Kurzer Fluchtweg zur Techendorfer Alm. Während der Weidezeit einfach bewirtschaftet.

Der Weg ins Herz der noch wenig erschlossenen Latschurberge ist in gutem Zustand. Er erfordert wegen seiner Länge den ausdauernden Tageswanderer und eine sichere Schönwetterlage. Der Steig führt auf der Almseite auf den Latschur und bietet keine gehtechnischen Probleme.

Nach dem Straßenende in **Neusach** auf dem örtlichen *Weg 20*, zugleich Teilstück des österreichischen Weitwanderweges 10, durch den steilen Wald quer bergauf. Der Steig quert einige Felsrippen, ist dort aber gut ausgebaut. Nach etwa 600 Höhenmetern ist der Norduferhang des Weißensees überwunden. Auf dem Höhenrücken gibt es die ersten schönen Blicke zum Tagesziel Latschur. Die Hütten der **Peloschenalmwiesen** liegen etwas südlich vom Weg, bieten aber einen schönen Tiefblick zum Weißensee. Es folgt ein sanfter Almaufstieg zur **Stosia**. Hier trennt sich der Weitwanderweg 10 und führt nach rechs weiter. In einer guten Viertelstunde ist von hier über den Almboden nach Osten absteigend die Techendorfer Alm erreichbar. Der Latschurwanderer geht geradeaus und hat nach etwa 200 Metern die Wahl, steiler aufwärts über den Almspitz zu wandern oder den sanfter nach oben führenden Steig nach links zu nehmen. Beide Wege treffen sich auf dem Almstück vor dem letzten Anstieg zum **Latschurgipfel**. Er bietet einen ausgezeichneten Rundblick und einen großartigen Tiefblick auf die Siflitzer Almhütten und in das Drautal.

Abbildung links:
Tracht und Sterz – seltene Idylle.

3 Golz, 2004 m

Angenehme Berg-Almwanderung. Letzter Anstieg zum Golz steiler Bergsteig.

Bergstation Sessellift Naggleralm – Kohlröslhütte – Golz – Bergstation

Talort: Techendorf am Weißensee. Auf der Südseite des Sees befindet sich die Talstation des Sessellifts, 956 m, mit Parkplätzen.
Ausgangspunkt: Bergstation Sessellift Naggleralm, 1335 m.
Gehzeiten: Bergstation – Kohlröslhütte 1½ Stunden, Kohlröslhütte – Golz 1½ Stunden. Gesamtgehzeit 5 – 6 Stunden.

Höhenunterschied: 770 m Auf- und Abstieg.
Anforderungen: Unschwierige Wanderung durch Wald und über Almen. Letztes Stück zum Golzgipfel zünftiger alpiner Bergsteig.
Einkehr: Kohlröslhütte und Naggleralm.
Variante: Es gibt mehrere örtliche Varianten, die aber bei Benutzung des Lifts ausfallen.

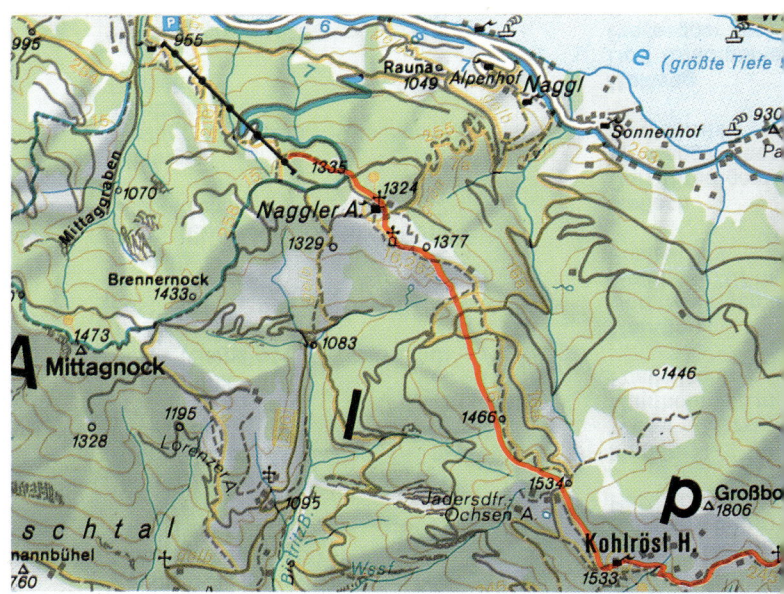

Die Waldteile und Almstücke sind auch von weniger erfahrenen Wanderern zu bewältigen. Bis zur Kohlröslhütte gibt es als Ausweichmöglichkeit zum Waldsteig einen Güterweg. Bis zur Hütte ist meist viel Wanderbetrieb. Die

Ständige Beobachter sind die Weidetiere.

letzten 300 Höhenmeter vor dem Golz sind steil und teilweise rutschig. Hier ist wieder die übliche Trittsicherheit erforderlich.

Von der **Bergstation** des Sessellifts auf dem örtlichen *Weg 16* nach Osten zum **Naggleralmhaus**. Am Drachsel-Bildstock vorbei wird erstmals der Forstweg gekreuzt. Auf ihm führt die Alternative mit der örtlichen Wegnummer 16a zur Kohlröslhütte. Der Steig 16 führt durch Wald aufwärts in südlicher Richtung zum Gaisrücken. Krummholz, Berglärchen und Alpenrosenbüsche wachsen in der Umgebung. Der Steig ist zeitweise steinig. Die Wurzeln sind bei Nässe zu beachten: Rutschgefahr. Nach dem Gaisrücken kommen Steig und Alternative auf der Jadersdorfer Ochsenalm zusammen und führen zur bewirtschafteten **Kohlröslhütte**, 1533 m. Sie ist eine beliebte Aussichtsrampe für die Karnischen Kofelberge (Gartnerkofel, Roßkofel, Trogkofel) im Süden. Zur Mittagszeit ist auf der Terrasse meist viel Betrieb. Von der Hütte geht es aufwärts am Großboden vorbei zur St. Lorenzer Alm und zu den Sattelköpfen. Nach ihnen beginnt der Gipfelaufstieg. Wer ihn sich nicht zumuten will, sollte ruhig umkehren. Nach dem Steilaufstieg bietet der Gipfel des Golz eine breite Wiese mit sehr viel Aussicht. Nur der Spitzegel im Osten begrenzt den Blick. Auch der Golzgipfel ist noch Almweide. Es kann passieren, daß auf der Gipfelwiese eine junge Kuh grast und beim Abstieg weiter unten einige Gemsen flüchten.

4   Reißkofel, 2371 m

Anspruchsvolle Bergwanderung auf den höchsten Gipfel der Gailtaler Alpen

»Kreuzwirt« – Waisacher Alm – Eggeralm – E.T.Compton-Hütte (ÖeAV) – Reißkofel – E.T.Compton-Hütte – »Kreuzwirt«

Ausgangspunkt: Gasthof »Kreuzwirt«, 976 m, auf dem Kreuzberg an der Straße zwischen dem Weißensee und dem Drautal. Vorsicht: nicht verwechseln mit dem Gasthof »Kreuzwirt«, auch auf einem Kreuzberg an der Straße vom Weißensee in das Gitschtal, ca. vier Kilometer südlich.

Gehzeiten: »Kreuzwirt« – Waisacher Alm 2½ Stunden, Waisacher Alm – E.T.Compton-Hütte 2 Stunden, E.T.Compton-Hütte – Reißkofel 3 Stunden. Gesamtzeit 13 – 14 Stunden.

Höhenunterschied: Ca. 1500 m.

Anforderungen: Anspruchsvolle Bergwanderung. Im letzten Teilstück auf dem Grat des Reißkofel einige ausgesetzte Stellen. Bei Nässe oder plötzlichem Frost können diese Stellen zur Falle für bergsteigerisch nicht geübte Wanderer werden. Wegen der Länge eine Eineinhalb- bis Zweitagestour. DIe schwierigste aller in diesem Buch vorgeschlagenen Routen.

Einkehr und Übernachtung: E.T.Compton-Hütte (ÖeAV-Hütte), in der Regel geöffnet vom 15. Juni bis 25. September. Auskunft in allen Fremdenverkehrsstellen des Weißenseegebietes.

Planung: Am ersten Tag oder Halbtag zur E.T.Compton-Hütte, dort übernachten und am zweiten Tag Gipfel und Rückweg. Das paßt auch mit der unten vorgestellten Variante zusammen.

Variante: Nach der Rückkehr vom Reißeckgipfel auf dem Törl oberhalb der E.T.Compton-Hütte nicht zu dieser absteigen, sondern den sehr aussichtsreichen Höhensteig nach rechts über den Sattelnock und Kumitsch nach Weißbriach nehmen. Von dort Bus- und Taxidienste. Gehzeit für die Variante ab Törl 5 Stunden.

E.T.Compton-Hütte am Fuß des Reißkofel.

Reißkofel-Gipfelgrat: die »luftigste« Stelle in diesem Führer.

Die Wanderung führt durch ausgedehnte Wälder und mit Weidevieh besetzte Almen, die Höhenteile bis über 2000 m sind teilweise anstrengend und rutschig – keine ungefährliche Wanderung also! An guten Tagen aber gehört die Aussicht zum besten, das Kärnten für Wanderer zu bieten hat – ein Lob also dem Berggenuß!

Vom **Gasthof »Kreuzwirt«** leitet der örtliche *Weg 12* in den Wald. Er steigt etwa 300 Höhenmeter bis unter die Grafenweger Felswände an. Dann senkt er sich zum Grafenweger Alpl, einer schönen Bergwiese. Nach einem weiteren Waldstück wird die Waisacher Alm erreicht. Jeder Besitzer durfte hier seine eigene Almhütte errichten. Das Massiv des Reißkofel darf nun zum erstenmal bewundert werden. Es folgt ein Abstieg von etwa 100 Höhenmetern zum prächtigen Almboden **Pfarreben**. Nach einem kurzen, steilen Anstieg zu einem Almzaun biegt der Weg in einer Kehre wieder nach Westen und erreicht mäßig ansteigend die **Eggeralm** auf etwa 1400 m. Der Reißkofel ist nun bereits deutlich näher gerückt. Bis zur **E.T.Compton-Hütte**, 1650 m, geht es meist gemächlich steigend durch schönen Lärchenwald. Die Hütte steht mitten im Wald des Schönbodens. Boden oder Grund heißen in Kärnten relativ flache Geländestücke in den Bergen. Die Hütte ist ein alter Holzbau. Sie wurde 1928 errichtet. Den Namen hat sie vom berühmten Alpenmaler E.T.Compton, der den Hüttenstandort zu seinen Lieblingsplätzen in den Ostalpen erklärt hatte. Hier wird in der Regel übernachtet.

Am nächsten Morgen sollte es nicht zu spät losgehen. Der Wandertag wird lang. Zuerst muß der steinige, steile, teilweise rutschige *Padiaursteig* überwunden werden. Er wurde nach einem österreichischen General benannt. Die ganze Zeit über darf man den Blick in die Nordwände des Reißkofel genießen. Auf dem Törl hat man die 2000er Höhenlinie erstmals überschritten. Auf manchen Karten ist es als **Köfeletörl** eingetragen. Achtung: Die Geländestelle einige hundert Meter weiter, wo der Aufstiegsweg aus dem Gailtal an diesen Steig anschließt, wird auch Törl genannt. Das Köfeletörl ist für diesen Vorschlag wichtig, weil hier die Variante für den Rückweg beginnt. Gepäck, das für den Gipfelansturm nicht benötigt wird, kann man dort zurücklassen.

Der Steig quert erst einen steilen Grashang. Dann wendet er sich in Kehren aufwärts zum sichtbaren Grat. Auf diesem Steilstück sind mehrfach die Hände sehr nützlich, um sicherer aufwärts zu kommen. Das Stück ist zugleich ein Test für den Reißkofelwanderer. Wer sich hier unsicher fühlt, sollte das letzte Stück nicht versuchen, sondern mit dem Erreichen des Gipfelgrates zufrieden sein. Die Höhenmeter sind jetzt geschafft. Es beginnt der *teilweise ausgesetzte* **Gipfelgrat**. Meine subjektiv schwierigste Stelle war im ersten Drittel: dort muß man aufrecht etwa 10 m auf schmalem Steig gehen, rechts und links steile Wände, bevor man wieder den Fels als Hilfe angreifen kann.

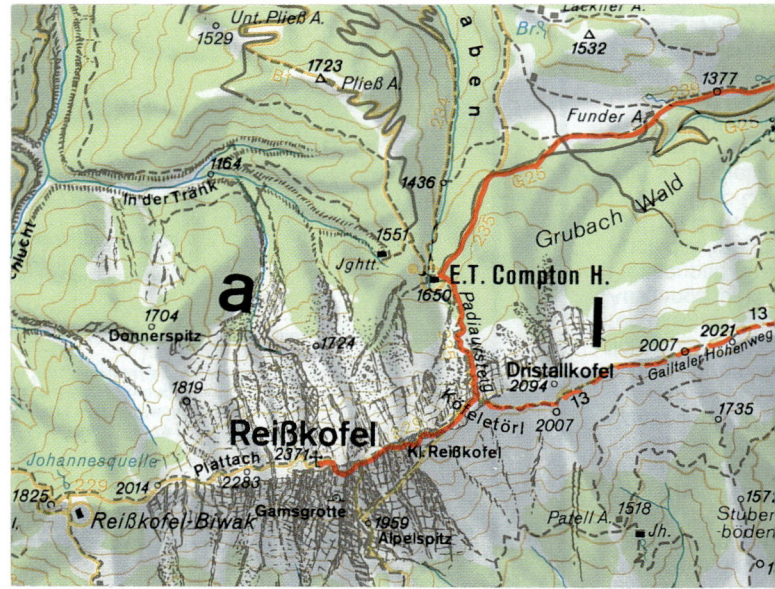

Auf dem **Gipfel** selber ist genug Platz für eine angstfreie Gipfeljause und den Rundblick über den größten Teil der Kärntner Bergwelt.

Nach der Rückkehr vom Gipfel muß man sich auf dem **Köfeletörl** entscheiden. Entweder Abstieg auf dem Padiaursteig zur E.T.Compton-Hütte oder auf dem Höhensteig entlang des Sattelnockes nach Weißbriach hinab. Für die Variante spricht die gute Aussicht auf das Almgelände unterhalb und ein Traumblick auf den Weißensee vom Kumitsch aus.

Der Abstieg nach Weißbriach von der Napalalm (Selbstversorgerhütte) führt durch einen angenehmen Jungwald. Wenn das Wetter gesichert schön ist, wird der Wanderer gerne mit dieser Variante länger auf der Höhe bleiben.

5 Kleiner Pal, Landsturmweg, 1866 m

Bergwanderung im Freilichtmuseum »Erster Weltkrieg« auf dem Plöckenpaß

»Plöckenhaus« – Kleiner Pal – »Plöckenhaus«

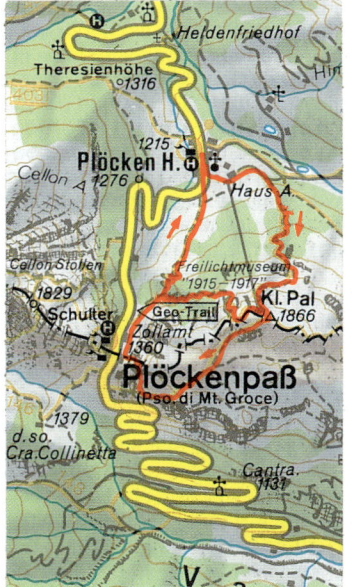

Talort: Kötschach-Mauthen im Gailtal.
Ausgangspunkt: Gasthof »Plöcken-haus«, 1215 m, an der Plöckenstraße.
Gehzeiten: »Plöckenhaus« – Kleiner Pal 1½ Stunden, Rückweg 1 Stunde. Ge-samtgehzeit 2½ Stunden.
Höhenunterschied: 650 m.
Anforderungen: Einfache bis mittlere Bergwanderung auf gut ausgebautem Bergsteig.
Einkehr: Alpengasthof »Plöckenhaus«.
Variante: Für den Rückweg den italieni-schen Alpinisteig auf der Nordseite des Kleinen Pal nehmen. Endpunkt Plöcken-paß. Dann 2 km Straße bis zum »Plöcken-haus«. Reisepaß mitnehmen. Gesamtgeh-zeit für die Variante 2 Std.
Tip: Im »Plöckenhaus« Ausstellung über die Kriegsereignisse. In Köt-schach-Mauthen eigenes Plöckenmu-seum im Rathaus. Das Plöckengebiet wurde im Rahmen der Friedenswege (via della pace) an der früheren österrei-chisch-italienischen Grenze ausgebaut. Es ist das einzige Kriegsgebiet, das noch auf dem Gebiet des jetzigen Österreich liegt.

Von Hermagor Anfahrt durch das Gailtal nach Kötschach-Mauthen. Von hier nach links Richtung Plöckenpaß (Italien). Etwa 2 Kilometer vor der Paß-höhe steht an der Straße der **Alpengasthof »Plöckenhaus«**. Von hier sind alle »Kriegs«-Wanderungen zu unternehmen.

Unser Weg führt über die **Hausalm** in ¼ Stunde zum Anfang des *»Land-sturmweges«*. Dieser leitet in 67 Kehren, Stufen und Treppen auf das stark kupierte Gipfelgebiet des **Kleinen Pal**. Hier wurde von Mai 1915 bis Kriegs-ende 1918 im Gebirgskrieg ausgetragen. Die Materialseilbahn, deren Bergstation in den Fels gesprengt wurde, ist besonders interessant. Nicht vergessen sollte man beim Rückweg eine Besichtigung der gut erhaltenen Friedhöfe.

Blick zur Gailtaler Polinik bei Kötschach-Mauthen.

6   Hochwipfel, 2195 m

Angenehme Bergwanderung auf einen Geheimtip der Karnischen Alpen

Straniger Alm – Klein Kordinalm – Hochwipfel – Straniger Alm

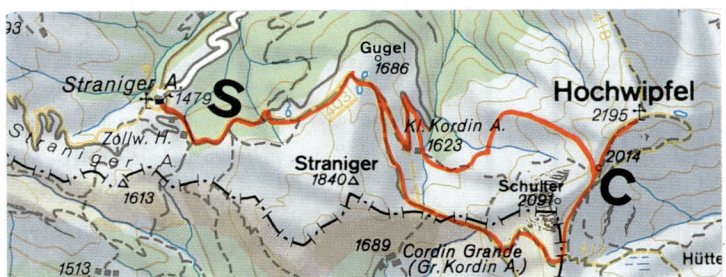

Talort: Von Kirchbach, Reisach oder Gundersheim zu den beiden Talorten Stranig und Göderschach.
Ausgangspunkt: Straniger Alm, 1479 m.
Gehzeiten: Straniger Alm – Hochwipfel 2½ Stunden, Rückweg 1½ Stunden. Gesamtgehzeit 4 Stunden.
Höhenunterschied: 615 m.
Anforderungen: Gehtechnisch einfache Höhenwanderung. Bei gutem Wetter auch für beginnende Bergwanderer möglich.
Einkehr: Straniger Alm.

Auf der Straniger Alm gibt es selbst hergestellten Almkäse – solange der Vorrat reicht. Sie gehört zu den wichtigen Almen, wo der bekannte Gailtaler Almkäse erzeugt und verkauft wird. Diese Almen sind durch einen Käserundwanderweg miteinander verbunden (Prospekt erhältlich).
Die Wanderung folgt der Route des Karnischen Höhenweges bzw. des Weitwanderweges 03 (Südalpenweg). Der Wegteil von der Straniger Alm bis zur Kleinen Kordinalm ist schon weitgehend Güterweg. Die Abzweigung zum Gipfel des Hochwipfel ist ein schmaler, aber problemloser Bergsteig.
Im Gailtal führen von den Orten Kirchbach, Reisach und Gundersheim Straßen über die Gail zu den beiden möglichen Talorten Stranig und Goderschach. Die beiden Almstraßen zur Straniger Alm vereinigen sich nach 3,5 km. Nach weiteren 7 Kilometern ist die Straniger Alm erreicht. Maximalsteigung der schmalen Schotterstraße bis 17 Prozent.
Von der **Straniger Alm** geht es auf einem Güterweg bequem nach Osten. Der Reißkofel auf der gegenüberliegenden Talseite zeigt seine imposante Südwand. Vor der Kleinen Kordinalm zweigt der Weg nach rechts ab; hier blieb ein Stück eines Karrenweges aus dem Ersten Weltkrieg erhalten. Es folgt ein kurzer Abstieg nach links zur gut sichtbaren **Klein Kordinalm**. Der Aufstieg zur Senke zwischen der Schulter (auch Schulterkofel) und dem Hochwipfel ist steil und mühsam und derzeit nicht markiert. Man kann mit

etwas mehr Weglänge auch auf dem Karnischen Höhenweg bleiben. Dabei umgeht man die Klein Kordinalm auf dem Hang oberhalb, kommt zu einem Sattel an der österreichisch-italienischen Grenze. Der Steig führt oberhalb der italienischen Großen Kordinalm auf italienischem Staatsgebiet im Süden um den Berg Schulter herum. Dann findet sich die markierte Linksabzweigung Richtung Hochwipfel. Der Weg quert den Hang der Schulter und kommt auch zum Sattel zwischen Schulter und Hochwipfel. Es folgt ein kurzer Aufstieg zum Gipfel, der eine große Kuppe bildet. Das Grasstück um das Kreuz ist eingezäunt. Der **Hochwipfel** ist etwas von der Karnischen Hauptkette in das Gailtal vorgeschoben. Daher bietet er eine gute Aussichtsstelle. Daß auch so einfache Zweitausender bei Schlechtwetter ihre Tücken haben können, hat der Autor selbst erlebt. Er mißachtete den Schlechtwettereinbruch aus dem Süden. Im dichten Wolkenfeld passierte ihm die klassische 180°-Grad-Verirrung. Er wollte zum Naßfeld und kam zur Straninger Alm.

Die Straniger Alm, die auch mit dem Pkw anfahrbar ist, bietet dem Wanderer selbstgemachten Käse – aber nur solange der Vorrat reicht.

7   Gartnerkofel, 2195 m

Vom Naßfeld auf einen klassischen Aussichtsberg der Karnischen Alpen

Watschiger Alm – Kühweger Törl – Gartnerkofel

Talort: Hermagor.
Ausgangspunkt: Naßfeld (entweder Talstation des Gartnerkofel-Sessellifts oder Watschiger Alm, 1670 m)
Gehzeiten: Watschiger Alm – Gartnerkofel – Watschiger Alm 3 Stunden. Bei Sessselliftbenützung Gesamtgehzeit 2 Stunden.
Höhenunterschied: 525 m (Watschiger Alm), ca. 300 m (Sessellift).
Anforderungen: Kurze Bergtour mit geringen Höhenunterschieden.
Einkehr: Naßfeld ist ein Urlauberzentrum

mit vielen Hotels und Gasthöfen. Im Sommer haben nicht alle geöffnet.
Variante: Wer den Gartnerkofel als Naturberg erleben will, der sollte eine Umwanderung versuchen: Vom Kühweger Törl abwärts zur Kühweger Alm, Umrundung des Gartnerkofel (meist auf einem Forstweg) und dann auf einem Hangsteig bis zur Garnitzenalm. Von dort steigt man wieder auf die Watschiger Alm ab. Diese noch wenig begangene Route sollten sich nur Bergwanderer mit etwas Erfahrung zumuten.

Auf dem Naßfeld sieht man im Sommer sehr deutlich die Schäden, die die Winternutzung des Gebietes hervorruft. Das hier vorgestellte Wegstück ist trotz seiner Kürze alpin und erfordert feste Schuhe und korrekte Wanderkleidung. Die berühmte Aussicht vom Gartnerkofel hat durch die Erschließung nur wenig gelitten.
Von der **Watschiger Alm** geht es auf dem Steig Richtung **Kühweger Törl**. Das ist auch ein Teilstück des Weitwanderweges 10. Auf dem Törl zweigt der Steig scharf nach rechts und quert schmal die kleinen Geröllhänge des Gartnerkofel. Auf einer Schleppliftausstiegstelle vereinigt sich dieser Steig mit dem kurzen Steilaufstieg von der Gipfelstation des Sesselliftes. Von hier

Der Gartnerkofel – einer der berühmten und leichten Kärntner Aussichtsberge.

geht es durch einen grasbewachsenen Steilhang zwischen zwei Felswänden aufwärts, dann wendet sich der Steig nach links und führt in einigen Kehren zum **Gipfel**. Diesen schmückt das Kärntner Kreuz.

Die weitestmögliche Sicht geht nach Nordwesten bis zum Großglockner und nach Süden bis zur Adria. Dafür sind besonders klare Tage erforderlich. Der nahe Ostblick bietet den zerrissenen Trogkofel, weiter im Osten die Hohe Warthe, der höchste Berg der Karnischen Alpen (auch wanderbar). Von dort im Uhrzeigersinn Mooskofel, der Hochgall an der österreichisch-italienischen Grenze in Osttirol, Venedigergruppe, Schobergruppe, Großglockner, Kreuzeckgruppe, Ankogel- und Reißeckgruppe, ein Stück Schladminger Tauern, die Gailtaler Alpen mit dem Felsriegel des Reißkofel, etwas näher im Norden die Latschurberge, nach Osten hin die Gurktaler Alpen (Nockberge); Dobratsch oder Villacher Alpe beherrschen den Nahblick nach Osten, die Karnischen Alpen mit Poludnig und Oisternig leiten weiter zu den Karawanken. Im Süden schauen die Julischen Alpen vom Triglav weg nach Westen fast vollständig zum Gartnerkofel hin. Der Tiefblick ins Gailtal mit dem Pressegger See und Hermagor gilt als besonders lieblich. Der Gipfel des Garnterkofel bietet also einen Komplettblick, der sich auf vielen Kärntner Aussichtsbergen etwas weniger vollständig wiederholt. An guten Sichttagen Fernglas und großräumige Landkarte mitnehmen sowie Zooms mit langer Brennweite und mehr als einen Film.

8 Garnitzenklamm

Sehr urtümliche Klammwanderung als Geotrail

Möderndorf bei Hermagor – Garnitzenklamm – Möderndorf

Ausgangspunkt: »Klammwirt« an der Egger-Alm-Straße, ca. 600 m nach Möderndorf.
Gehzeiten: 5 Stunden für die vier Abschnitte, inkl. Rückweg.
Höhenunterschied: 500 m.

Anforderungen: Eine alpine Wanderung, die jeder Bergwanderer ohne Probleme bewältigen kann. Nur bei Nässe sollte man aufpassen.
Einkehr: »Klammwirt« am Eingang zur Klamm.

Die Garnitzenklamm gehört zu den längsten und urtümlichsten in Kärnten. Von ihren vier Abschnitten sind die drei unteren bestens mit Steig und Brücken und Seilen ausgebaut und gesichert. Der vierte und oberste Abschnitt ist mit Ketten gesichert. Bei hohem Wasser nach Regenfällen habe ich eine Stelle nur mit Klettern überwinden können. Dies als Warnung für Leute, die vielleicht von oben in die Klamm einsteigen. Die Klamm ist als Geotrail ausgeschildert. Der bildungswillige Wanderer kann sich auf 12 Schautafeln genau über die Entstehungsgeschichte und die Gesteine informieren.
Der Einstieg kurz nach dem **»Klammwirt«** könnte für unerfahrene Wanderer eine Hürde sein. Bei hohem Wasserstand wird man den Bach nach der kleinen Staumauer kaum trockenen Fußes überwinden können. Aber damit ist schon die größte Schwierigkeit der ersten drei Abschnitte überwunden. Der erste Klammteil dauert ¾ Stunde, der zweite ½ Stunde, der dritte ½ Stunde, der vierte 1 Stunde. Nach dem zweiten Klammteil folgt ein Unterstand des Alpenvereins. Nach dem dritten Abschnitt wird ein Güterweg gequert. Vom Aufstieg aus gesehen nach rechts, führt er zum Steig von der Kühweger Alm nach Möderndorf. Auf diesem abwärtsgehend hat der Wanderer ei-

nige sehr schöne Tiefblicke in die Klamm.

Der **Geotrail**: Im Kärntner Gailtal ist an vielen Stellen eine wissenschaftlich-geologische Erklärung zu lesen. Alle Geotrails sind auch als Buch erhältlich: ›Vom Urknall zum Gailtal. 500 Millionen Jahre Erdgeschichte in der Karnischen Region‹ von Hans Peter Schönlaub, Geologische Bundesanstalt Wien.

Geologisches zur Garnitzenklamm nach dem Buch: Die Gesteine der Klamm sind zwischen 460 und 250 Millionen Jahre alt. Das genaue Alter der Klammbildung ist nicht fixiert. Vermutlich hat sich der Bach schon vor rund 100 000 Jahren in die Felsen gegraben. Vor rund 20 000 Jahren war beim letzten Eiszeitschub noch einmal das gesamte Gailtal von einem Talgletscher bedeckt, der bis in die Höhe von 1700 – 1800 Metern reichte. Beim Rückzug der Gletscher führten die Bäche riesige Mengen von Lockermaterial im Schmelzwasser mit. Das bewirkte eine sehr starke Erosion, die die heutige Form der Garnitzenklamm bildete. Die Arbeit des Wassers geht weiter. Die 12 Schautafeln erläutern alle Einzelheiten vor Ort. Wer sich nicht damit befassen will, sollte den tosenden Bach und die vielen Steine und die faszinierenden Felswände und Wasserfälle naiv bewundern.

Die Garnitzenklamm: faszinierend, aber nicht zu unterschätzen.

9 Oisternig, 2035 m

Leichte Bergwanderung auf einen Aussichtsriesen

Dolinzaalm – Feistritzer Alm – Oisternig – Feistritzer Alm – Dolinzaalm

Die sanfte Gipfelwiese auf dem Oisternig.

Talort: Vorderberg im Gailtal, ca. 10 km vom Pressegger See Richtung Villach.
Ausgangspunkt: Wirtshaus »Starhand« (Dolinzaalm, auch Dolinca geschrieben) auf der Dolinzaalm, 1459 m.
Gehzeiten: Wirtshaus »Starhand« – Feistritzer Alm 1 Std., Feistritzer Alm – Oisternig 1 Std., Rückweg 1 bis 1½ Std.; Gesamtgehzeit 3½ Std.

Höhenunterschied: 575 m.
Einkehr: Gasthof auf der Dolinzaalm, Gasthof auf der Feistritzer Alm (kann bei Schlechtwetter oder außerhalb der Saison vorübergehend auch geschlossen sein).
Variante: Mit Autozufahrt. Von Feistritz im Gailtal auf einem guten Güterweg bis zur Feistritzer Alm (1718 m). Von dort wie beschrieben auf den Gipfel.

Ein gut ausgebautes und markiertes Wegenetz macht diese Wanderung zum einfachen Bergvergnügen. Nur das Wetterrisiko ist zu beachten. Die kurzen Gehzeiten zu den schützenden Almen verringern es wieder. Der Oisternig gilt als einer der besten Aussichtsberge der Karnischen Alpen.
Von Vorderberg im Gailtal führt eine schmale, aber bereits gut ausgebaute Bergstraße bis auf die **Dolinzaalm** mit einer Anzahl Almhütten und dem Gasthof. Hier kann man auch übernachten. Vom Gasthof führt die Markierung des Karnischen Höhenweges *403* zur italienischen Grenze auf dem **Lomsattel**. Von hier steigt der Weg erst an, fällt dann kurz und steigt in einigen steilen Kehren durch Hochwald bis zur Almfläche der **Feistritzer Alm**, 1718 m, an. Wer hier nicht rasten will, wendet sich knapp vor dem Almdorf

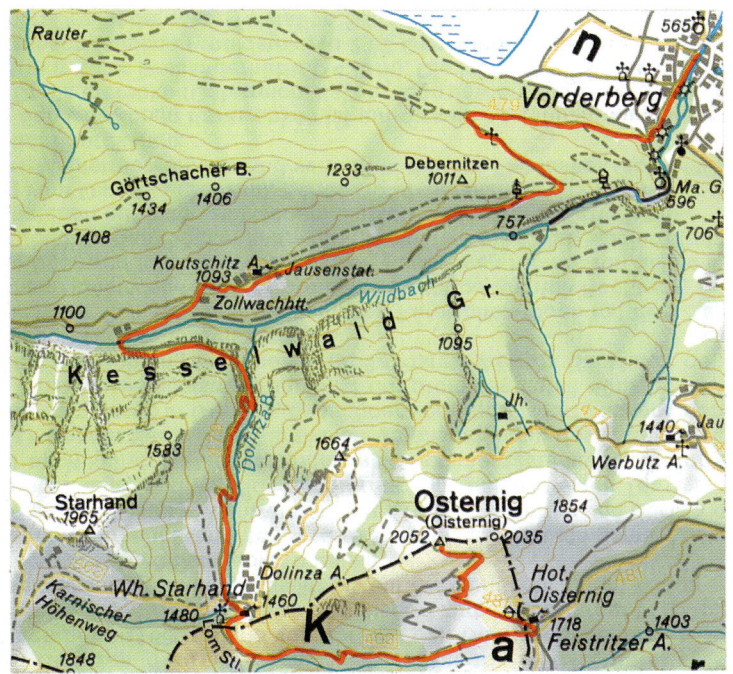

nach links und folgt den Markierungen mit der Nummer *481* zum Oisternig. Sein steiler, grasiger Gipfelhang erhebt sich direkt vor uns. Auf einem angenehmen Steig geht es in einigen Kehren aufwärts. Dabei werden italienische Kriegssteige aus dem ersten Weltkrieg mitbenutzt. Man sieht Reste der damaligen Befestigungen. Der kurze, problemlose Aufstieg endet auf dem breiten Gipfelrücken, der nach Norden deutlich steiler abfällt. Nur wer unbedingt in der größten Mittagshitze auf den **Oisternig** will, könnte auf dem schattenlosen Südhang ins Schwitzen kommen.

Der beherrschende nahe Berg ist der Dobratsch bzw. Villacher Alpe im Osten. Vor allem die Julischen Alpen werden vom Oisternig aus gerne im Detail betrachtet. Der Wallfahrtsort Maria Luschari hoch über dem Kanaltal ist auch gut zu sehen. Und natürlich die Karawanken, die Karnischen Alpen und die Berge auf der Nordseite des Gailtales. An guten Tagen reicht der Blick bis zur Venedigergruppe (Osttirol/Salzburg) und den Steiner Alpen in Slowenien. Für nur zwei Stunden Aufstiegsmühe ist das sehr viel.

10 Graslitzen (auch Graselitzen), 2044 m

Zünftige Bergrundtour ohne Kletterstellen

Pressegger See (Förolach) – St. Steben – Graslitzen – Vellacher Sattel – Zuchen – Pressegger See

Die verfallene Köstendorfer Alm (aber die Quelle fließt).

Ausgangspunkt: Förolach, 620 m.
Gehzeiten: Förolach – St. Steben 1 Stunde – St. Steben – Graslitzen 3 Stunden – Graslitzen – Vellacher Sattel ½ Stunden – Vellacher Sattel – Pressegger See 3 Stunden; Gesamtgehzeit 7½ Stunden.
Höhenunterschied: 1400 m.
Anforderungen: Anstrengende Tagestour ohne ausgesetzte Stellen. In den Grasschrofen des Gipfelbereiches ist bei Nässe Vorsicht angebracht.

Einkehr: Unterwegs derzeit keine Versorgungsmöglichkeit. Quellen auf der verlassenen Köstendorfer Alm und die Quelle bei der Zanklgrotte tief im Tal. Getränke und Verpflegung unbedingt mitnehmen.
Varianten: Diese Rundtour läßt sich natürlich wieder zerlegen. Man kann auf demselben Weg zurückgehen. Das kann sehr vernünftig sein, weil im Zustand der Schwäche die Vertrautheit mit dem Weg eine große Hilfe sein kann.

Vom Pressegger See ragen – optisch fast senkrecht – die bis zu 1500 Meter hohen Steilabfälle von Spitzegel, Vellacher Egel und Graslitzen auf. Die Graslitzen ist der technisch leichteste der drei Gipfel. Bei ihm gibt keine ausgesetzten Stellen und keine Kletterstellen. Aber die Länge des Weges und die Höhenmeter machen aus dem Tip eine sehr zünftige Bergtour. Das Fehlen von bewirtschafteten Hütten ist eine zusätzliche Herausforderung. Dafür ist der landschaftliche Eindruck ein gewaltiger.

Im Wald hinter **Förolach** endet der Zufahrtsweg. Auf dem örtlichen *Weg 50* geht es steil aufwärts zum Wallfahrtskirchlein **St. Steben**, 1003 m. Dieses wäre auch auf einem bequemen Forstweg von Köstendorf aus erreichbar. Es geht auf dem *Weg 8* steil aufwärts bis zum Kreuz auf der **Gaisrückenhöhe**. Hier beginnt der *Weg 250* und leitet über die verfallene Köstendorfer Alm (Quelle). Dann biegt der Weg scharf nach links in den steilen Wald hinauf, geradeaus wäre der Weg zur St. Stefaner Alm. Nach einer weiteren Stunde ist der Gipfelkamm der **Graslitzen**, auch Graselitzen geschrieben, erreicht. Der Kamm ist rund 3 Kilometer lang und drei Gipfel werden unterschieden. Es ist eine prachtvolle Panoramaaussichtsstrecke 1400 m hoch über dem Gailtal. Der Abstieg erfolgt auf den **Förolacher Sattel**, weiter zum **Untervellacher Sattel**. Hier vereinigt sich dieser Weg mit dem um eine technische Stufe anspruchsvolleren Steig vom Spitzegel und Vellacher Egel. Daß der Sattel im Volksmund »Niederes Heachl« (Niedere, kleine Höhe) heißt, ist ein hübscher Scherz für den schon etwas erschöpften Wanderer. Der abwärts führende Steig *249* trifft dann eine Forststraße, die wieder verlassen wird. Hier heißt es aufpassen. Diese Art Wechsel ist häufig Anlaß fürs Verirren. Bei der Zanklgrotte wird wieder das Wegesystem des Tales erreicht. Wer sein Auto an der letztmöglichen Stelle in Förolach geparkt hat, kann über die Wege 16, 50 und 51 dorthin zurück. Wer nach Khünburg muß, geht den 249er Steig weiter. Diese Route folgt dem Steig 16 steil abwärts, am Seeblickfelsen vorbei, direkt zum Seecamping Schluga am Pressegger See.

Wörthersee, Vierseental, Klopeinersee, Längsee

Keltisch bis kulinarisch

Ausflugsziele von der Keltenzeit bis heute, Wanderungen vom Waldweg bis zum anspruchsvollen Gipfel in den Karawanken umfaßt dieses Tourengebiet. Die Tips hier können daher nur eine Auswahl sein.

Die Landeshauptstadt Klagenfurt am Ostende des Wörthersees bietet dem Kultururlauber zwar keine Dreisterne-Sehenswürdigkeiten, dafür aber einen berühmten Wappensaal im Landhaus, im südöstlichen Viktring in der früheren Zisterzienserkirche spätmittelalterliche Glasfenster hinter dem Hochaltar, ein sehenswertes Landesmuseum, eine sehr aktive Landesgalerie sowie ein neu gestaltetes Diözesanmuseum mit der zweitältesten Glasfensterscheibe im deutschen Kulturraum. Der gemächliche Urlauber sollte

Blick vom Moorweg zum früheren Stift St. Georgen am Längsee.

sich einige Innenhöfe anschauen. Für alle Fans guter Modellbauten ist Minimundus nahe dem Wörthersee ein Pflichtbesuch. Mit mehr als 170 Bauwerken aus der ganzen Welt erspart es mehr als eine Weltreise. Fast alle Klagenfurt-Besucher erweisen dem Stadttier, dem steinernen Riesenlindwurm auf dem Neuen Platz ihre Ehrerbietung. Ein Bergbaumuseum, ein Reptilienzoo und ein kleiner Wildpark runden das Angebot ab. An mäßigen Badetagen ist Klagenfurt für Autobesucher eine Staustadt: am besten am Stadtrand bleiben und bzw. oder mit öffentlichen Verkehrsmitteln anreisen. Nördlich von Klagenfurt kommt man in die geschichtliche Kernzone Kärntens. Auf dem Magdalensberg sind die Überreste einer keltischen, später römischen Stadt ausgegraben worden – ein sehenswertes Museum wartet neben der Gipfelaussicht. Vorher ist mit Maria Saal ein schöner Dom zu besichtigen. Der Herzogstuhl auf dem Zollfeld erinnert an frühere Zeiten. Die Kirche Karnburg ist der Rest von Pfalzbauten aus der Karolingerzeit. Auf dem nahen Ulrichsberg sind Reste spätchristlicher Fluchtsiedlungen ausgegraben worden. Die Stadt St. Veit am nördlichen Rand dieser Zone war über Jahrhunderte (bis 1518) Hauptstadt und nennt sich stolz Herzogstadt. Sie besitzt eine Stadtmauer und eine gut erhaltene Innenstadt. Rundherum ein Ring von Burgruinen und das Spitzenereignis Hochosterwitz, eine bestens erhaltene Burg auf einem Felshügel – durch 14 Tore führt der Fußweg hinauf (Museum und Gasthof; Auffahrt auch mit Personenaufzug).

Wörthersee-Blick vom Pyramidenkogel (Aussichtsturm, nur mit Aufzug erreichbar).

Noch weiter nördlich liegt Friesach, Kärntens »Kulturhauptstadt« mit Burgberg, sehenswerten Kirchen und Bürgerhäusern. Vor Friesach biegt die Straße in das Gurktal ein mit dem romanischen Dom von Gurk, die besterhaltene Anlage in Österreich. Gurk war der Ausgangspunkt der Bildung der Diöszese und ist daher reich an kirchlichen Spitzenbauten. Die bischöfliche Burg Straßburg wurde zu einem Ausstellungszentrum umgestaltet.
In Hüttenberg nordöstlich von Klagenfurt hat der weltbekannte Forscher Heinrich Harrer seine Völkerkundeobjekte seinem Geburtsort für ein Museum gestiftet. Ein Schaubergwerk im früheren Bergwerk erinnert an Kärntens nun erloschene Bergbaugeschichte.

Zu diesem Tourengebiet gehört auch das Lavanttal mit dem Stift St. Paul, dem Werner Berg-Museum in Bleiburg, dem Vogelpark am Turnersee beim Klopeinersee, den frühchristlichen Ausgrabungen auf dem Hemmaberg. Die Tropfsteinhöhlen im Wanderriesen Hochobir sind nun öffentlich zugänglich. In Velden gelang es dem ganz neuen Kasineum, zu einem Anziehungspunkt nicht nur für Casinobesucher zu werden.

Die Vermarktung von bäuerlichen Produkten hat im letzten Jahrzehnt stark zugenommen. Dutzende Höfe und Gasthöfe bieten Käse, Schinken, Schnaps und andere Eigenerzeugnisse an.

Im Zuge der Renaissance des Drahtesels werden die Fahrradwege zügig ausgebaut. Reitangebote gehören ebenso zu dieser Tourenregion wie Fischereimöglichkeiten und das Golfspiel.

11 Klagenfurter Altstadtwanderung

Gemütliche Wanderung durch eine innenhöfliche Stadt

Ausgangspunkt: Rathaus mit Informationsstelle auf dem Neuen Platz (Lindwurmdenkmal). Bei der Informationsstelle bekommt man auch den kostenlosen Kurzführer für diese Wanderung. Sie wird auch geführt angeboten (für Individualreisende Juli/August tägl. außer Sonn- und Feiertag um 10 Uhr, kostenlos – Treff-

punkt: Rathaus am Neuen Platz).

Gehzeit: 1 Stunde (ohne Schauzeit und Kaffeezeit).

Tips: Beachten Sie die Hinweise auf die Parkplätze und Tiefgaragen. Sie ersparen sich damit eine Menge Zeit und Ärger, besonders an Schlechtwettertagen, wenn viele Urlauber in die Stadt drängen.

Der Lindwurm – Lieblingstier der Klagenfurter.

Die Stadt Klagenfurt brannte 1518 ziemlich vollständig ab. Sie wurde dann nach modernsten Gesichtspunkten als Festungsstadt mit einem Geviert von etwa 900 m Seitenlänge neu errichtet. Inzwischen ist dieser Stadtteil wieder zur liebenswerten Altstadt geworden. Eine ganz besondere Spezialität sind die knapp fünfzig Innenhöfe, von denen eine größere Anzahl zugänglich ist. Sie werden häufig touristisch genützt.

Es folgt eine Auswahl aus den etwa 60 Sehenswürdigkeiten der Kärntner Landeshauptstadt Klagenfurt. Vor dem **Rathaus** (1) auf dem **Neuen Platz** (3) steht das Herzstück der Klagenfurter Volksseele. Es ist das aus einem Steinblock gemeißelte **Denkmal des Lindwurm**. Er gehört zur Gründungssage von Klagenfurt und darf auf keinen Fall gekränkt werden. Das **Wörtherseemandl** (5) – eine Sagengestalt – ist für die Entstehung des Wörthersees verantwortlich. Das **Landhaus** (9), ist ein schöner Renaissancebau. Seine Hauptattraktion ist innen: der Große Wappensaal mit 665 Wappen der Kärntner Landstände (Adeligen). Im Park davor der moderne Kiki-Kogelnik-Brunnen. Das **Stadttheater** (14), wurde vor dem Ersten Weltkrieg im Jugendstil erbaut. Auf dem **Pfarrplatz** (18), steht die Stadtpfarrkirche. Ihr Turm ist von Mai bis Oktober zum Ersteigen geöffnet und bietet eine gute Sicht über die Stadt und die Umgebung. Die **Landesgalerie** (29) bietet insbesondere im Sommer interessante Kunstschauen.

12 Freudenberg, 802 m

Ländlicher Genußspaziergang im Hinterland des Wörthersees

Krainig – Freudenberg – Nußberg – Krainig

Ausgangspunkt: Kraining oder Nußberg 700m.
Gehzeit: 1¼ Stunden Gesamtgehzeit für die kleine Runde.
Höhenunterschied: 100 m.
Anforderungen: Spazierweg.
Einkehr: Gasthof auf dem Freudenberg und in Nußberg

Varianten: Große Spazierrunde von Kraining – Freudenberg – Nußberg, dann auf Weg 2 nach Maria Feicht, St. Gandolf, Bach, Farcha bis zur Einbindung des Weges bei Kreuth. Bei der Einbindung nach links gehen und zurück nach Kraining. Gesamtgehzeit große Spazierrunde 3 Stunden.

Dieser Spazierweg im sehr bäuerlichen Hinterland der Tourismusgebiete des Wörthersees und der Landeshauptstadt Klagenfurt zählt zu den lohnenden Genußstrecken im flachen Lande.

Das schwierigste an der Tour ist wohl die Wegfindung nach Krainig oder Nußdorf. Vom Wörthersee aus wäre Moosburg anzufahren. Von hier ist der Ort Tigring im Norden zu besuchen. In Windischbach biegt man nach links ein und erreicht etwa nach 1 km die Abzweigung nach rechts, nach Krainig.

Von **Krainig** geht es aufwärts durch etwas Wald zu Gasthof und Kirche **Freudenberg**, eine Rodung, ganz von Wald umgeben. Der Freudenberg gehört zu jenen Hügeln in Zentralkärnten, die durch ihre freie Lage sehr viel Aussicht bieten. Karawanken und Nocke liegen vor Augen. Im Westen sperrt der wuchtige Dobratsch den Blick. Im Südosten präsentiert sich die felsige Nordseite des Hochobir.

Besonders genießen sollten Sie die kleinen Dinge des Lebens: Die Bäuerin, die auf einem echten Misthaufen mit der Gabel arbeitet, usw. Es ist ein wenig wie in einem Bilderbuch aus alten Zeiten. Der Spaziergänger muß sich ja nicht immer und überall für die harte Wirklichkeit dahinter interessieren.

Bäuerin in Nußberg – auch rund um die Seen gibt es noch echte Bauern.

13 Kraiger Ruinen, bis 800 m

Steile Steige zu touristisch nicht hergerichteten, ungesicherten Ruinen

Schloß Frauenstein – Hochkraig – Niederkraig – Schloß Frauenstein

Ausgangspunkt: Schloß Frauenstein bei St. Veit an der Glan.
Gehzeiten: Schloß Frauenstein – Hochkraig 1 Stunde, Hochkraig – Niederkraig 1 Stunde, Niederkraig – Schloß Frauenstein ½ Stunde.; Gesamtgehzeit 2½ Stunden.
Höhenunterschied: Gut 100 m.
Einkehr: St. Veit an der Glan und Gasthöfe in der Umgebung.

Die Steige nach Hochkraig sind sehr steil. Aber riskant ist nur das Herumgehen innerhalb der Ruinen. Hier sind die Wege nicht gesichert. Der Wanderer muß also vorsichtig und diszipliniert sein. Das gilt vor allem, wenn man mit Kindern dorthin geht.

Vom **Schloß Frauenstein**, das einem »Wunschschloß« sehr ähnlich schaut, geht es nach links – auf dem örtlichen *Weg 7*. Die Landschaft ist sehr einsam. Nach einem guten Kilometer zweigt nach links der Steig zur **Ruine Hochkraig** ab. Ein steiler Waldaufstieg folgt. Die Ruine ist nicht gesichert, bietet aber schöne Ausblicke. Zur höchstgelegenen Ruine, einem Turmrest auf ei-

Schloß Frauenstein (Privatbesitz, Innenräume nicht zugänglich).

nem Felsen, geht es weiter aufwärts bis zu einer Wiese und dort nach links. Nach dem Rückweg geht es im Tal nach links. Bald kommt der Hügel mit der **Ruine Niederkraig** in Sicht. Der Weg zweigt nach rechts ab, umgeht einen Teil des Hügels und wendet sich bei einem Haus nach links aufwärts. Schon bald ist das Tor zur Ruine erreicht – hier verzweigt sich der Weg. Nach links geht es zur Kapelle des heiligen Johannes von Nepomuk. Sie war früher ein Rundturm und liegt genau auf einem Felsen. Deshalb ist der Weg rundherum gesperrt. Von der Kapelle führt der Steig zu den Ruinen der früher großen Anlage von Niederkraig. Auch hier ist Vorsicht am Platz, da nichts gesichert ist.

Die Herren von Kraig gehörten zu den ältesten Geschlechtern in Kärnten und waren ein Teil der Ministerialen, die rund um die Herzogstadt St. Veit und die frühere nahe Herzogburg auf dem Freiberg ihre Sitze hatten.

14 Moorweg und Hügelrunde, 793 m

Überlegte Spazierwege am Längsee

Moorweg auf der Seesüdseite und Rundweg um den Odvinskogel

Ausgangspunkt: St. Georgen am Längsee.
Gehzeit: 2½ Stunden insgesamt.
Höhenunterschied: 200 m.
Anforderungen: Angenehmer Spazierweg.
Einkehr: Am Längsee.
Tips: Der Längsee ist ein guter Ausgangspunkt zur Besichtigung bedeutender Kärntner Sehenswürdigkeiten. In der Nähe liegt die frühere Herzogstadt und Hauptstadt St. Veit an der Glan mit alter Stadtmauer. Vom Glanz der Burgen rundherum blieb Hochosterwitz erhalten und gilt als schönste Burg Österreichs. Die Kärntner »Kulturhauptstadt« Friesach liegt genau im Norden, und das Gurktal mit dem am besten erhaltenen romanischen Dom Österreichs und weiteren Kostbarkeiten der Kirchengeschichte liegt auf dem Ausflugsweg über Treibach-Althofen, das auch einen Besuch wert ist.

Kärntens berühmteste Burg Hochosterwitz vom Odvinskogelweg aus.

Zwei mit Liebe und Sorgfalt ausgewählte örtliche Wege am Längsee bieten Einblick in die Landschaft. Sie sind angenehm zu gehen.

Der Moorweg-Rundwanderweg hat die örtliche Nummer (römisch) *III*. Für diese Wegkombination ist der beste Anfang an der Ostseite bei der Abzweigung der Straße in den Ort **St. Georgen**. Hier kann man nahtlos in den *Otwinusweg* wechseln. Der Weg führt um ein vertorftes Moorgebiet südlich des Längsees, das früher einmal auch ein See gewesen sein dürfte. Eine geborstene Gletschermühle im Steilabfall des Lavabachbettes beim Gasthof »Schumi« erinnert, daß hier einmal eine Endmoräne des Draugletschers gewesen sein muß. Diese Aufschüttung brachte den **Längsee** hervor. Nach der Rückkehr aus dieser Landschaft bietet der Otwinusrundweg zusätzlich einen Überblick über die freundliche Gegend des Längsees. Der Weg hat auf der West- und Süd- und Ostseite die örtliche Nummer *2*, auf der Nordseite die Nummer *1*. Die Vulgonamen Weinzer erinnern daran, daß in dieser geschützten Lage im Mittelalter Wein angebaut worden ist. Der Gipfel des Kogels ist durch eine Forststraße leicht erreichbar und bietet den besten Umgebungsblick.

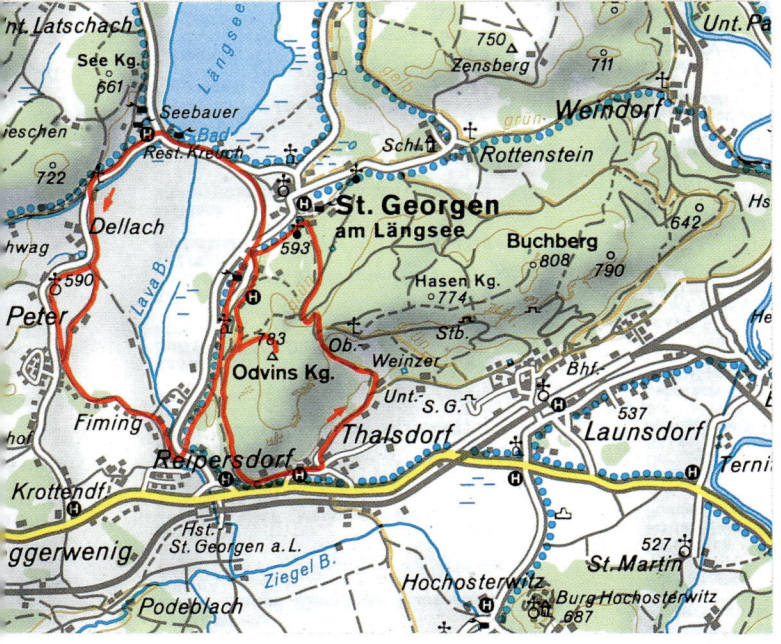

15 Magdalensberg – Christofberg

Aussichtsreicher Höhenweg in Mittelkärnten

Magdalensberg (Parkplatz vor Ausgrabungen) – Christofberg – Magdalensberg

Talort: St. Michael im Zollfeld.
Ausgangspunkt: Magdalensberg, Parkplatz vor keltisch-römischen Ausgrabungen, 940 m.
Gehzeiten: Magdalensberg – Christofberg 1½ Stunden, Rückweg 1½ Stunden. Gesamtgehzeit 3 Stunden.
Höhenunterschied: Nicht nennenswert.
Einkehr: Gasthof auf dem Magdalensberggipfel und auf dem Christofberg.

Dieser Höhenweg in ca. 900 m Seehöhe ist ein hervorragender Aussichtsweg mit Blick über Klagenfurt zu den Karawanken.

Die Auffahrt zum **Magdalensberg** erfolgt über St. Michael im Zollfeld zwischen Klagenfurt und St. Veit. Diese Landschaft ist seit der keltischen Besiedlung ununterbrochen das zentrale Siedlungsgebiet Kärntens gewesen. Auf dem Magdalensberg befand sich eine keltische Höhenstadt. Sie wird seit langem ausgegraben. Ein Museum zeigt die Funde. Der berühmteste, die Statue des Jünglings vom Magdalensberg, ist nicht im Original hier. Jedem Nachwanderer dieses Tourenvorschlags wird sehr empfohlen, die Viertelstunde hinauf zum Gipfel zu gehen und dort Rundschau zu halten.

Der Wanderweg zum Christofberg beginnt am Ende des **Parkplatzes**. Es ist ein Teilstück des Weitwanderweges *06* von Klagenfurt über Graz nach Ma-

Christofberg mit Kirche: Spazierort über dem Hochnebel in Kärnten.

riazell, zugleich ein Teilstück des Unterkärntner Hügellandweges. Der *Weg 106* benutzt das Gelände, um durch den Wald so eben wie möglich zum **Christofberg** zu führen, einer Wallfahrtskirche mit Gasthof. Die Qualität des Weges liegt darin, daß hier eine relativ hohe Aussichtsrampe für den Südblick über die Landeshauptstadt Klagenfurt bis zu den Karawanken angeboten wird. Daß dabei auch der Triglav, der höchste Berg Sloweniens, in Sicht kommt, ist für diese Höhenlage keineswegs selbstverständlich.

Natürlich ist der **Magdalensberg** auf mehreren Fußwegen vom Tal aus erreichbar. Aber in der Regel fahren die Leute hinauf. Vom Gipfel des Magdalensberges nimmt der merkwürdigste und vermutlich älteste Kärntner Brauch seinen Anfang. Am Dreinagelfreitag, das ist der zweite Freitag nach Ostern, beginnt dort genau um Mitternacht vom Donnerstag zum Freitag der sogenannte Vierbergelauf. Dabei werden an einem Tag der Ulrichsberg, der Veitsberg und der Lorenziberg erreicht. Die Länge beträgt etwa 50 Kilometer. Es werden keltische Fruchtbarkeitskulte dahinter vermutet. Derzeit erlebt der Vierbergelauf einen Boom mit tausenden Teilnehmern. Vor mehr als 400 Jahren wurde er das erstemal schriftlich erwähnt.

16 Ladinger Spitze (Große Saualpe), 2079 m

An Schönwettertagen ein Bergspaziergang auf die aussichtsreiche Saualpe

Wolfsberger Hütte – Ladinger Spitze – Wolfsberger Hütte

Talort: Wolfsberg im Lavanttal.
Ausgangspunkt: Parkplatz direkt unter der Wolfsberger Hütte, 1825 m.
Gehzeiten: Wolfsberger Hütte – Ladinger Spitze ¾ Stunde, Rückweg ½ Stunde. Gesamtgehzeit 1¼ Stunden.
Höhenunterschied: 250 m.
Anforderungen: Bergwanderung auf breitem Almgelände ohne Steilanstiege.
Einkehr: Wolfsberger Hütte.

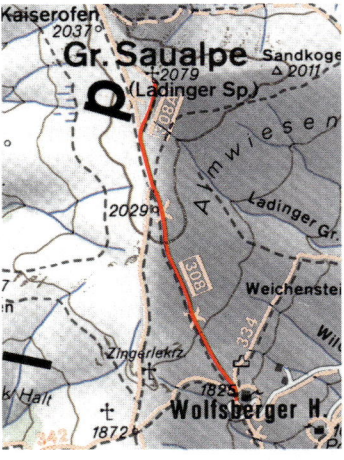

An Schönwettertagen darf sich jeder in dieser Höhe gehfähige Mensch diese lohnende Wanderung zumuten. Bei Nebel oder Gewitter ist dagegen von dieser Tour abzuraten. Die Anfahrt ist kompliziert: In Wolfsberg die ausgeschilderte Abzweigung von der Bundesstraße 70 nach St. Michael und Lading nehmen. Es geht auf der Ostseite der Koralpe aufwärts zum Alpengasthof »Gießlhütte« (auch Hochkogelhütte). Weiter Richtung Offnerhütte. Bei der Verzweigung vor der Offnerhütte geradeaus Richtung Wolfsberger Hütte fahren. Der Parkplatz und Endpunkt liegt etwa 100 m entfernt unterhalb der Hütte. Von Wolfsberg bis zur Hütte sind es etwas mehr als 19 Kilometer.

Hinter der Hütte geht der Weg gut markiert über sanft aufsteigendes Alm- und Weideland auf die Kammhöhe der **Saualpe** mit etwas mehr als 2000 m Seehöhe. Fast eben führt der Weg zur **Ladinger Spitze**, die sich vor allem durch das Gipfelkreuz als höchster Punkt deutlich zu erkennen gibt. An klaren Tagen gibt es von hier eine sehr gute Sicht über Südkärnten und auf die nahe Koralpe und das Lavanttal. Die gute touristische Erschließung der Saualpe beweisen die 33 Hütten, die gemeinsam um den Gast werben. Was man als Gast noch wissen sollte: Steinrumpler wird dort gerne das Wasser genannt, Kesselrumpler hingegen heißt der Schnaps.

Bei ungünstigen Wetterverhältnissen wird der gutmütige Bergriese Saualpe höchst gefährlich: Insbesondere bei schlechter Sicht verirrt man sich im sanften Almgelände sehr leicht, auch die Blitzgefahr in dieser schutzlosen Höhe ist groß. Aber davon abgesehen, gehört die Gegend zu den für den Wanderer leichtesten 2000er-Gebieten, die Kärnten zu bieten hat.

Die Wolfsberger Hütte, der »Star« der vielen Einkehrangebote auf der Saualpe.

17 Mostlandwanderweg, St. Pauler Berge, bis 840 m

Gemütlicher Hügelweg kombiniert mit der »Mostlandidee«

Stift St. Paul – Johannesberg – Kasparstein – Josefsberg – Mostlandwanderweg – St. Paul – Stift St. Paul

Ausgangspunkt: St. Paul im Lavanttal, 442 m.

Gehzeiten: Mostlandwanderung 2 Stunden, St. Pauler Berge 1¾ Stunden. Gesamtgehzeit 3¾ Stunden.

Höhenunterschied: ca. 500 m Auf- und Abstieg.

Anforderungen: Leichte Hügelwanderung mit kurzen Steilstücken.

Einkehr: Viele Gasthöfe am Mostlandwanderweg.

Varianten: Es sind markiert Mostland-Radwanderweg St. Georgen (16 km), Mostland-Radwanderweg Granitztal – St. Paul (16 km), Mostland-Wanderweg Granitztal (12 km), Mostland-Wanderweg St. Georgen (14 bzw. 5 km).

Tip: Das Benediktinerstift St. Paul stammt im gut erhaltenen Kern aus der romanischen Zeit. Endausbau in der Barockzeit mit starken Anleihen beim spanischen Barock. Ende der 80er Jahre wurde es vollständig restauriert. Es gehört zu den kulturell-künstlerischen Höhepunkten, die Kärnten zu bieten hat. In der Regel gibt es im Sommer Sonderausstellungen.

Dieser Tip ist die Kombination einer Wandertour mit einigen St. Pauler Bergen und der örtlichen »Mostlandidee«: Dem Wanderer wird einerseits ein gemütlicher, von einem Gipfel gekrönter Wanderweg angeboten, andererseits wird den hier ansässigen Bauern die Möglichkeit gegeben, örtliche Produkte marktgerecht anzubieten. Der Weg selbst ist ein angenehmer Hügelweg mit vielen Waldteilen und einigen kurzen, steilen Anstiegsstücken. Die Anfahrt führt in den Markt **St. Paul** im Lavanttal. Der Wanderweg nimmt seinen Ausgang vor dem Stift. Es geht zuerst steil aufwärts zum **Johannesberg** (mit Gasthof). Dort verläßt der Weg die engere Mostlandroute und führt mit der Wegnummer *336* nach Süden zum **Kasparstein** (841 m). Vor dem Aufstieg zum Gipfel trifft der Steig den Weg *338*. Diesem folgt er nach rechts auf den Gipfel mit schönem Blick ins Drautal und auf die Petzen. Der Weg führt zurück, etwa 500 m über die vorherige Wegeinbindung geradeaus nach Osten. Dann zweigt der Weg mit der Nummer *337* nach links zum **Josefsberg** ab und gliedert sich dort wieder in den **Mostlandwanderweg St. Paul** ein, der nun wieder von Gasthof zu Gasthof weitergeht, um nach einer Runde in St. Paul zu enden. Den kleinen Wanderabstecher in die St. Pauler Berg- welt empfehle ich doch sehr, bei aller patriotischen Zuneigung zum Most.

Mostland St. Paul. Das Gebiet ist das Zentrum der Apfel- und Birnenerzeugung. Der Most als vergorener Saft mit leichtem Alkoholgehalt ist das bäuerliche Traditionsgetränk. Die Tourismuswirtschaft hat ihn veredelt und gemeinsam mit Säften und dem Bauernschnaps und anderen bäuerlichen Produkten wie Schinken, Wurst und Käse als Paket angeboten. Die Wege dienen dazu, zwischen den Mahlzeiten wieder Appetit zu bekommen und ein Stück Landschaft kennenzulernen. Das Mostland folgt auch einem Kärntner Tourismustrend, regionale Gebiete unter einem Leitbegriff zusammenzufassen und anzubieten.

Im Mostland-Wandergebiet sind die Gasthöfe auch ins Freie verlagert.

18 Klopeiner Genußwege, bis 687 m

Im Süden des Badesees unterwegs in schattigen Wäldern

Georgiberg, 625 m – Gračarka, 677 m – Kitzelsberg, 687 m

Ausgangspunkt: Unterberg am Klopeiner See.
Gehzeiten: Georgiberg 1 Std., Gračarka 1 Std.
Höhenunterschied: Ca. 400 m Auf- und 400 m Abstieg oder je Berg ca. 200 m Auf- und Abstieg.
Anforderungen: Angenehme Waldspaziergänge.
Einkehr: Am See.

Varianten: Sehr viele. Mehr als sinnvollerweise hier vorzustellen möglich wäre. Die örtlichen Markierungen sind so ausführlich, daß man sich ihnen problemlos anvertrauen darf.
Tip: Ausflug auf den Hemmaberg bei Globasnitz. Gut präsentierte Ausgrabung frühchristlicher Kirchen. Museum mit den Fußbodenmosaiken in Globasnitz. Vom Klopeiner See über Eberndorf nach Osten.

Am östlichen Ende des Klopeiner Sees vom Südufer einen der Wege auf den **Georgiberg** wählen. Die Kirche wurde schon 1060 erstmals urkundlich erwähnt, nach einem Brand wurde sie 1643 in der heutigen Gestalt wiederaufgebaut. Ein Wunschglöcklein darf geläutet werden. Vom Hügel hat man einzelne schöne Blicke zum See und nach Süden zu den Karawanken mit Petzen und Hochobir. Es geht abwärts zum **Georgisattel** und hinüber zum zweiten, etwas längergezogenen Hügelrücken, der **Gračarka**. Hier soll man sich auf dem Weg Nummer 2 zum Kirchlein St. Daniel auf die Südseite

Die Georgikirche mit dem Wunschglöcklein am Klopeiner See.

begeben. Dort hat man einen schönen Blick zu den Karawanken. Die Rückkehr in den Wald führt auf die Kote 472. Unterwegs kann man vorgeschichtliche Siedlungsterrassen erkennen. Die Gračarka gehörte sehr wahrschein-
lich zum illyrischen, vorkeltischen Siedlungsgebiet in Kärnten. Das Wegenetz führt abwärts nach Westen, überquert die Asphaltstraße und biegt wieder in ein kleines Waldgebiet ein, überquert die nächste Asphaltstraße und
steigt nun zum **Kitzelsberg** auf, dem dritten Hügel im Bunde. Klopeiner See
und Turnersee sind die beliebten Nahblicke.

19 Feistritzer Spitze (Hochpetzen), 2114 m

Sehr anspruchsvolle Bergwanderung auf den östlichsten Karawankenberg

Bahnhof Bleiburg – Siebenhütten – Feistritzer Spitze – Siebenhütten – Bahnhof Bleiburg

Von der Petzen 1700 Höhenmeter in die Tiefe geblickt – auf Bleiburg.

Der Aufstieg von Bleiburg auf die Feistritzer Sitze über den 1700 Höhenmeter hohen Nordabfall der Petzen darf als »Wander-Abitur« gelten. Vor allem der erste Abschnitt bis Siebenhütten ist extrem steil und ohne Quelle. Auch beim Abstieg erschwert der rutschige Kalkschotter der Karawanken das Gehen bedeutend. Ab Siebenhütten ist es eine normal anstrengende Bergwanderung.

Vom **Bahnhof Bleiburg** führt die Markierung *603* (Südalpenweg) über Feistritz zur Schmelz (Hinweis auf frühere Bergbautätigkeit auf der Petzen). Dorthin führt auch der Verbindungsweg vom Hotel »Petzenkönig«. Nun beginnt der steile Aufstieg in sehr vielen Kehren. Er führt von der Buchenwaldstufe bis zur Lärchen/Föhren-Stufe bei den Siebenhütten. Nach dem langen Steilstück wendet er sich vor der Krischa nach links und erreicht die **Siebenhütten** (zugleich Bergstation des Sesselliftes). Von hier geht es an der Petzenkapelle vorbei weniger steil aufwärts zum **Kniepssattel** (Staatsgrenze Österreich-Slowenien). Der Weg bleibt immer auf österreichischem Staatsgebiet und biegt nach rechts auf den Kamm der Hochpetzen ein. Dort zieht er sich unschwierig bis zur **Feistritzer Spitze**. An guten Tagen eine Fernsicht ähnlich dem Hochobir.

Talort: Stadt Bleiburg, 479 m.

Ausgangspunkt: Bahnhof Bleiburg oder Hotel »Petzenkönig«.

Gehzeiten: Bahnhof – Schmelz am Fuß der Petzen 1 Stunde, Hotel »Petzenkönig« – Schmelz ½ Stunde, Schmelz – Siebenhütten 2½ Stunden, Siebenhütten – Feistritzer Spitze 2 Stunden. Rückweg 4 Stunden. Gesamtgehzeit 9 – 10 Stunden.

Höhenunterschied: 1830 m im Auf- und im Abstieg.

Anforderungen: Nach Gehzeit und nach Höhenmetern eine Tagestour nur für trainierte Bergwanderer.

Einkehr: Siebenhütten.

Varianten: Vom Hotel »Petzenkönig« führt eine Sechser-Gondelbahn zu den Siebenhütten. Das erspart etwa 1200 Höhenmeter und 2 Stunden Gehzeit beim Aufstieg, etwa 1½ Stunden beim Abstieg. Betriebszeiten: Petzenlifte ✆ 04235/2246.

Tip: Die Werner Berg-Galerie in Bleiburg. Ecke Hauptplatz, neben der Apotheke. Der in Norddeutschland geborene Maler Werner Berg kam über Wien in das Kärntner Grenzland. Er wurde auf dem Rutarhof in der Zwischenkriegszeit ein früher Aussteiger. Als Maler und Graphiker überlieferte er die bäuerliche Welt des slowenisch-deutschen Mischgebietes in Südkärnten.

20 Oistra, 1577 m

Kurzer Steilanstieg auf den Aussichtsgipfel zwischen Hochobir und Petzen

Gasthof »Wögl« – Oistra – Gasthof »Wögl«

Talort: Eisenkappel im Vellachtal.
Ausgangspunkt: Gasthof »Wögl«, 1220 m.
Gehzeiten: »Wögl« – Oistra 1¼ Stunden, Rückweg 1 Stunde. Gesamtgehzeit 2¼ Stunden.
Höhenunterschied: ca. 480 m.
Anforderungen: Nach steilem Anstieg auf Waldwegen ein noch steilerer, anspruchsvoller Bergsteig zum Gipfel. Keine ausgesetzten Stellen.
Einkehr: Gasthof »Wögl« (Bauerngasthof).

Varianten: Sehr beliebt ist die Rundwanderung, die im Lobnikgraben vor der Jausenstation Schlößitz nach links über den Mikej-Bauern auf den Preverniksattel führt. Von dort nach rechts hübsche Kammwanderung mit anschließendem, sehr steilem Aufstieg zur Oistra. Abstieg zum Wöglbauern wie unten beschrieben, dann Rückwanderung durch den Lobnikgraben an schönen Bauernhöfen vorbei auf einem Teilstück des Südalpenweges 03 zurück zum Ausgangspunkt. Gesamtgehzeit 4½ Stunden.

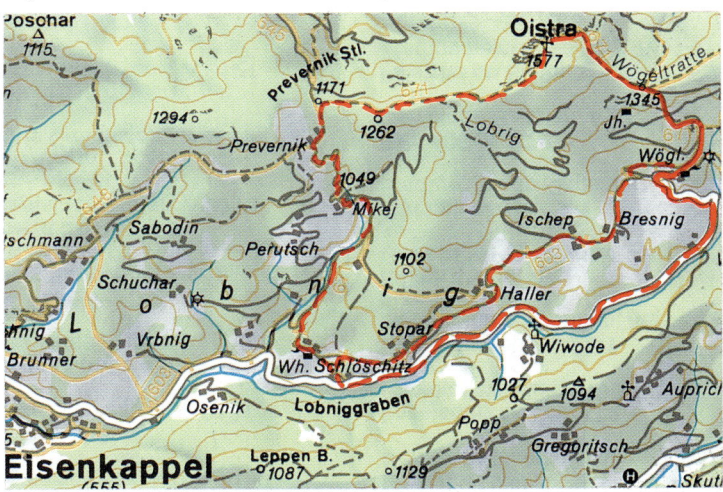

Die Oistra ist die kurze, von der Aussicht sehr lohnende Alternative zu den beiden Bergriesen Obir und Petzen, zwischen denen sie liegt. Am Gipfel erwartet uns ein schmaler, sehr steiler Steig, der bei Nässe oder Eis seine Tücken hat. Gehtechnisch schwieriger als der Hochobir.
Anfahrt nach Eisenkappel im Vellachtal. Beim Ortsanfang steil nach links an der schönen spätgotischen Kirche Maria Dorn vorbei in den Lobnikgraben.

Auf schmaler Straße (8 Kilometer) bis vor den **Bauerngasthof »Wögl«** (auch »Wögel«). Parkplatz.

Vom Gasthof leitet die Markierung mit der Nummer *671* in den Wald dahinter. Es geht steil, aber meist auf breitem Weg bis zum Sattel zwischen der Oistra und der benachbarten Topitza, die als Alternative gelten darf. Von dort benutzt man den Steig, nach links abbiegend, dann die Kammnähe vor dem steilen Nordabfall der Oistra (bedeutet auf Slowenisch »spitzer Berg«). Die Steigführung läßt einzelne Nordblicke und Tiefblicke zu. Nach einem oft mühsamen, wenn auch kurzen Aufstieg öffnet sich der Blick zur **Gipfelkuppe** mit Kreuz. Der Blick in die Steiner Alpen im Süden und über die zentrale Kärntner Beckenlandschaft ist ganz ausgezeichnet. Hochobir (im Westen) und Petzensüdseite (im Osten) lassen sich von hier kennenlernen. In diese beiden Richtungen wird natürlich die Aussicht von den Riesen deutlich eingeschränkt.

Beim Abstieg sollte man besonders vorsichtig gehen.

Winterblick vom Gipfel der Oistra auf die Unterkärntner Badeseen.

21 Hochobir, 2139 m

Technisch problemlose Bergwanderung zum »Kärntner Rigi«

Eisenkappler Hütte – Hochobir – Eisenkappler Hütte

Talort: Eisenkappel im Vellachtal.
Ausgangspunkt: Eisenkappler Hütte (Parkplatz), 1553 m.
Gehzeiten: Eisenkappler Hütte – Hochobir 1½ Stunden, Hochobir – Eisenkappler Hütte 1 Stunde. Gesamtgehzeit 2½ Stunden.
Höhenunterschied: Ca. 600 m.
Anforderungen: Einfache Bergwanderung, die aber nur bei sicherem Wetter angegangen werden sollte.
Einkehr: Eisenkappler Hütte.
Varianten: Der Hochobir wird auch über drei anspruchsvolle Bergwege zur Eroberung angeboten. Von Eisenkappel führt

das Teilstück des Südalpenweges 03 (der Prugger Steig) in 3½ Stunden zur Eisenkappler Hütte und von dort wie unten beschrieben auf den Gipfel. Vom Schaidasattel in Zell-Pfarre erreicht der Simon-Rieger-Steig (AV-Wegnummer 623) in 3 Stunden den Gipfel, und der mühsamste und einsamste Aufstieg führt von Wildenstein bei Gallizien über den romantischen Wildensteiner Wasserfall und die Seealpe in 4 – 5 Stunden auf den Gipfel.
Tip: Als neueste Errungenschaft wird der Besuch der Tropfsteinhöhlen im Hochobir touristisch angeboten. Auskünfte: Obir-Tropfsteinhöhlen, ✆ 04238/8239.

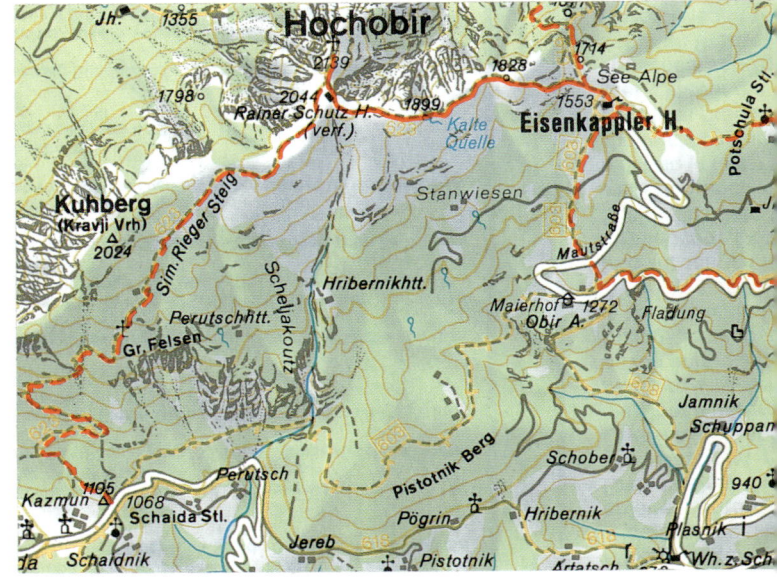

Der »Kärntner Rigi«, vom mühsamsten Aufstieg (Wildenstein) aus gesehen.

Die Anfahrt führt durch das Vellachtal in den Ort Eisenkappel. Am Ortseingang zweigt die Straße nach rechts in die Trögerner Klamm (Ebriach) ab.

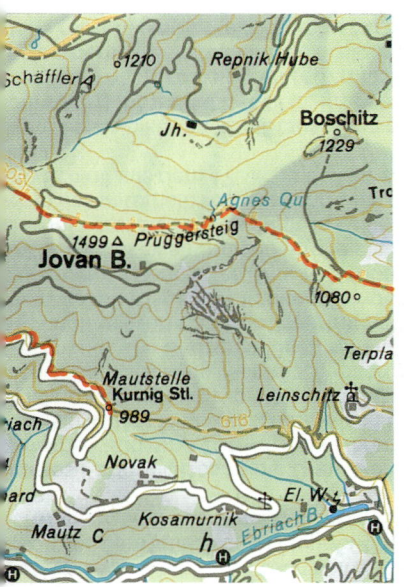

Auffahrt zur Mautstraße entweder vom Gasthof »Obir Pepi« (vor der Trögerner Klamm) oder vom Gasthof »Zum Schmied« (nach der Klamm). Von der Mautstelle aufwärts bis zum Parkplatz knapp vor der **Eisenkappler Hütte**.

Bei der Hütte geht es nach rechts sofort steil aufwärts. Die Höhe des Kammes wird auf der **Seealpe** erreicht. Der aufmerksame Wanderer wird Abraumhalden erkennen, auch einzelne Telegraphenmasten stehen etwas fremd in der Höhe. Hier war einmal Bleibergbaugebiet. Auf der Höhe des Kammes wendet sich der Weg nach links und erreicht sanft ansteigend die Ruine des früheren Rainer Schutzhauses (Quelle). Von hier geht es noch einmal steil aufwärts zur breiten Gipfelfläche des **Hochobir** mit traumhafter Aussicht. An guten Tagen ist der Hochobir stark besucht.

22 Koschuta-Karweg, 1750 m

Eindrucksvolle Querung der Schuttkare der Koschuta

Koschuta-Haus – Meijnik-Sattel – Karweg – Koschuta-Haus

Talort: Zell-Pfarre bei Ferlach.
Ausgangspunkt: Koschuta-Haus (Naturfreunde), 1280 m.
Gehzeiten: Koschuta-Haus – Ende der Kare 3 Stunden, zurück 3 Stunden; Gesamtzeit 6 Stunden.
Höhenunterschied: 470 m.
Anforderungen: Gehfähigkeit auf schma-

lem Steig im Geröll erforderlich.
Einkehr: Koschuta-Haus. Unterwegs kein Wasser.
Varianten: Es ist möglich, vom Ende der Kare zum Potoksattel und von dort weiter zum Gasthof »Terklbauer« (Bundesbus, Übernachtungsmöglichkeit) hinabzusteigen.

Vom Koschuta-Haus wird in mühsamem Aufstieg der Velze (Wilze) Sattel erreicht. Von dort quert der eigentliche Karweg nahe der eindrucksvollen Felswände der Koschuta die riesigen Geröllhalden. Ohne Kletterstellen, aber anstrengend führt der Steig hinüber bis zum Potoksattel.

Von Ferlach im Rosental wird durch den Waidischgraben zugefahren. Vor dem Ort Zell-Pfarre biegt man nach rechts zum Koschuta-Haus ab (Mautstraße). Vom **Koschuta-Haus** folgt man zuerst der Markierung des Südalpenwe-

Der Koschuta-Karweg mit düsterer Wolkenstimmung.

ges *03* durch Wald auf den **Meijnik-Sattel**. Dort zweigt rechts steil aufwärts der Zugang zum Karweg ab (Markierung *642*). 1¼ Std. zieht sich der Steig aufwärts bis zum **Velze (Wilze) Sattel**, einem wilden Einschnitt in einen fels-gezackten Grat, der hier vor dem Hauptkamm der Koschuta nach Norden zieht. Der Steig bleibt nun ziemlich eben und quert die ausgedehnten Schutt-kare, die sich von den Felswänden herabziehen. Nicht nur die greifbar nahen Koschutawände sind eindrucksvoll. Auch der Kampf der Pflanzen und der Lärchen gegen den abwärtsfließenden Schutt bietet ein starkes Natur-schauspiel. Wenn der Karweg die letzte Felswand an ihrem Fuß erreicht hat, muß man sich entscheiden. Entweder geht es retour, wie hier vorgeschla-gen, oder steil, aber gut markiert, durch den Wald abwärts zum **Potoksattel**, einem der einsamsten Kärntner Landschaftspunkte. Von hier führt nach links ein guter Steig durch Buchenwald abwärts, geht bald in einen Forstweg über und erreicht das Tal des Freibaches. Hier trifft er wieder den Südalpen-weg *03* und geht mit ihm zum Gasthof »Terklbauer«. (1½ bis 2 Stunden)

23 Ferlacher Horn, 1840m

Anstrengende Bergtour auf einen Hausberg der Zentralkärntner

»Franzbauer« – Ferlacher Horn – »Franzbauer«

Talort: Ferlach im Rosental.

Ausgangspunkt: Franzbauer in Zell-Winkel, 1006 m.

Gehzeiten: »Franzbauer« – Ferlacher Horn 2½ Stunden, Abstieg 1½ Stunden. Gesamtgehzeit 4 Stunden.

Höhenunterschied: 840 m Auf- und Abstieg.

Anforderungen: Schmale, oft rutschige Steige in steilem Waldgelände und auf dem steilen Gipfelgrat. Aber nirgends ausgesetzt oder Kletterstelle. Nur einmal eine Quelle (Weg markiert). Anstrengende Bergtour.

Einkehr: »Franzbauer«.

Varianten: Es gibt vier markierte Zugänge zum Ferlacher Horn. Von Ferlach, 460 m, über den »Raketensteig« (am anstrengendsten), von Waidisch, 550 m, ein langer steiler Waldanstieg, vom Gasthof »Deutscher Peter«, 702 m, auf dem Teilstück des Südalpenweges. Der hier ausgewählte vierte Anstieg ist der relativ angenehmste.

Diese Tour ist kein Kinderspiel: Vom »Franzbauer« führt ein mühsamer Steilaufstieg durch steilen Wald auf den Kamm. Dort geht es sehr steil weiter bis zur Gipfelwiese. Keine ausgesetzten Stellen oder Stellen zum Klettern.

Von Ferlach im Rosental durch den Waidischgraben Richtung Zell-Pfarre. Vor der Steigung nach Zell-Pfarre nach rechts einbiegen und auf deutlich schmalerer Straße weiterfahren. Dann ausgeschilderte Abzweigung zum »Franzbauer« nach rechts auf schmalem, sehr steilem, befestigtem Güterweg zum **»Franzbauer«**, einer schönen Rodung mit zwei gewaltigen Linden. Der markierte Steig 14 leitet sofort in den steilen Wald des Südhanges. Er führt ohne Verschnaufpause auf den Westgrat hinauf. Dort vereinigt er sich mit dem Aufstieg vom »Deutschen Peter«. Es geht auf dem Grat steil aufwärts weiter. Der Steig hält sich von den gefährlichen Abstürzen auf der

Das Ferlacher Horn ist der Hausberg der Klagenfurter und der Ferlacher. Im Bild die Gipfelwiese mit dem Gipfelkreuz.

Westseite ausreichend entfernt. Die **Gipfelwiese** ist ein großer, guter Picknickplatz. Man muß nur vorher alles hinaufgetragen haben.
Die Beliebtheit des Ferlacher Horns kommt von seiner guten Aussicht. Es liegt direkt den Felswänden der Koschuta gegenüber und gewährt einen freien Nordblick über Klagenfurt bis zu den Nockbergen. Die Karawanken mit dem Hochobir und der Vertatscha sind gut zu sehen.

24 Tscheppaschlucht

Romantische Schluchtwanderung auf gut ausgebauten Steigen und Stiegen

Tscheppaschlucht – Tschaukofall – Tscheppaschlucht

Ausgangspunkt: Großer Parkplatz an der Loiblstraße kurz nach dem Ort Unterbergen in Richtung Loiblpaß.

Gehzeiten: Parkplatz – Tscheppaschlucht – Tschaukofall 1½ bis 2 Stunden. Gesamtgehzeit 3 – 4 Stunden.

Höhenunterschied: Ca. 300 m Auf- und Abstieg.

Anforderungen: Schluchtwanderung auf gut ausgebauten Steigen und Stiegen und Brücken. Vorsicht ist wegen Rutschgefahr geboten. Kein Spazierweg.

Einkehr: Schluchtanfang.

Varianten: Beliebt ist die Weiterwanderung zum Gasthof »Deutscher Peter« an der Loiblbundesstraße. Gehzeit ½ Stunde in jeder Richtung.

Die große Tageswanderungsvariante geht vom Tschaukofall aufwärts bis zum Alpengasthof »Sereinig« im Bodental und von dort auf gemütlichem Waldsteig zur Märchenwiese, der schönste Boden in den Karawanken unter den Felswänden der Vertatscha. Dann Rückwanderung zum Gasthof »Sereinig«. Von hier geht es auf einem Teilstück des Südalpenweges 03 über den Gaisrücken zum Gasthof »Deutscher Peter«. Auch Bundesbus vom Gasthof »Sereinig« und vom Gasthof »Deutscher Peter« zurück zum Parkplatz. Gesamtgehzeit für die Tageswanderungsvariante 7 – 8 Stunden.

Die Wanderung durch die Tscheppaschlucht zählt zu den beliebtesten Ausflugszielen. Der Loiblbach hat eine tiefe Schlucht eingeschnitten, die das Beiwort »romantisch« verdient. Die häufig künstliche Steiganlage mit Brücken, Stiegen und Seilen ist in gutem Zustand. Sie erfordert die übliche

Die romantische Tscheppaschlucht ist gut gesichert und bestens besucht.

Trittsicherheit. Auf keinen Fall sollte man annehmen, die Tscheppaschlucht sei ein Spazierweg.

Vom Parkplatz führt die Markierung durch den Wald abwärts zum **Loiblbach** und den Bach aufwärts zum Schluchteingang (Gebühr und einfache Einkehr). Am Bach entlang wird rasch die eigentliche **Schlucht** erreicht. Die erste Entscheidung wird nötig, wenn nach dem Schluchtteil die Abzweigung Deutscher Peter bzw. Tschaukofall erreicht ist.

Zum **Tschaukofall**: Etwa zehn Minuten nach rechts über den Steilhang hinauf. Dann muß man über die Loiblbundesstraße (Haltestelle für Bundesbusse), und ein kurzer, schmaler Steig führt zum Wasserfall, der von der Straße aus nicht zu sehen ist. Man kann dann auf der Straße Richtung Loiblpaß (nach rechts bei der Rückkehr vom Tschaukofall) in einer Viertelstunde auch den »Deutschen Peter« erreichen und dort einkehren.

25 Klagenfurter Hütte, 1663 m

Leichte Hüttenwanderung vom Bärental aus mit großer Karawankenkulisse

Stouhütte – Klagenfurter Hütte – Stouhütte

Klagenfurter Hütte und Bielschitza – Karawanken-Traumplatz.

Talort: Feistritz im Rosental.
Ausgangspunkt: Stouhütte, 960 m.
Gehzeiten: Stouhütte – Klagenfurter Hütte 2 Stunden. Rückweg 1½ Stunden. Gesamtgehzeit 3½ Stunden.
Höhenunterschied: 700 m.
Anforderungen: Leichte Hüttenwanderung auf breitem Karrenweg.
Einkehr: Stouhütte (privat), Klagenfurter Hütte (OeAV), auch übernachten.
Varianten: Für viele Bergwanderer ist die Klagenfurter Hütte nur das Etappenziel. Der für jeden Bergwanderer leicht erreichbare Gipfel ist der Gaisberg (Kosiak) mit 2024 m. Markierter Steig direkt von der Hütte. Gehzeit hin und retour je 1 Stunde. Anspruchsvollere Bergwanderer gehen auf den Bielschitzasattel (Steig, der

manchmal die Zuhilfenahme der Hände erfordert). Dort wird die Grenze zu Slowenien überschritten (Schengengrenzregelung, Reisepaß mitnehmen!). Vom Bielschitzasattel auf der slowenischen Seite über Matten auf den Hochstuhl (slowenisch Stol), mit 2238 m der höchste Gipfel der Karawanken mit bester Panoramasicht und Talsicht. Die prešernova koøa (Preschernhütte) bietet Einkehr. Gesamtgehzeit von der Klagenfurter Hütte zum Hochstuhl und zurück 5 Stunden. Der Hochstuhl kann von Bergsteigern auch über den Hochstuhl-Klettersteig von der österreichischen Seite aus erreicht werden. Abzweigung vom Hüttenweg zur Klagenfurter Hütte bei der Karkehre (markiert).

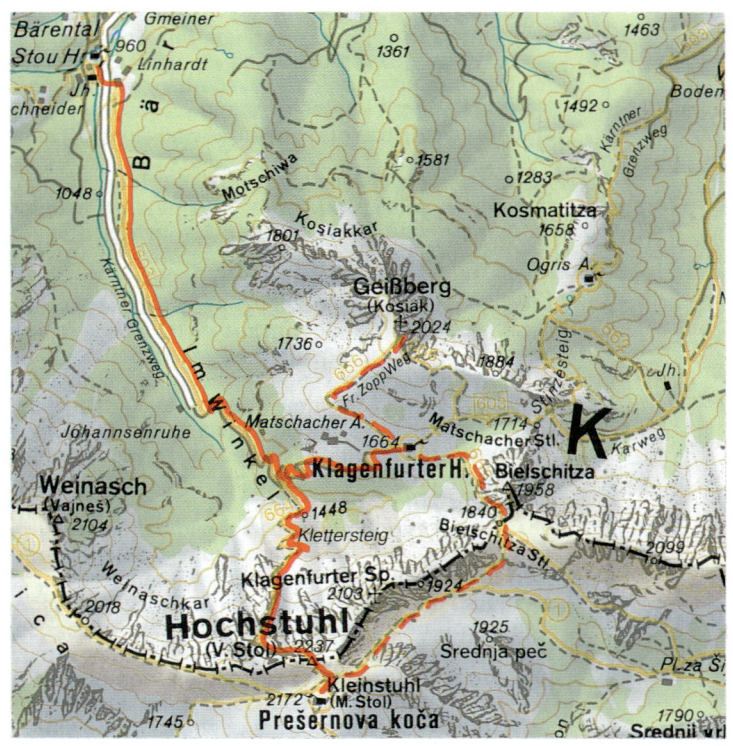

Bei gutem Wetter eine für jeden erlaubte Hüttenwanderung auf breitem Karrenweg in eindrucksvoller Felsumrahmung. Die Klagenfurter Hütte ist ein idealer Ausgangspunkt für viele Wanderziele in diesem herrlichen Teil der Karawanken.

Von Feistritz im Rosental führt eine schmale Asphaltstraße bis zur **Stouhütte**. Dort Parkplatz. Die Weiterfahrt ist bis vor die **Johannsenruhe** möglich. Aus Gründen des Schutzes der Natur in diesem stark besuchten Gelände sollte man die Stunde zu Fuß gehen.

Der Weg zur Klagenfurter Hütte benutzt den fahrbaren Hüttenweg. Er führt in Kehren erst durch Buchenwald, und der Blick zu den Nordwänden des Hochstuhl und des Weinasch wird immer besser.

Die **Klagenfurter Hütte** ist gut ausgebaut. Sie gehört zu den beliebtesten Ausflugszielen der Einheimischen.

26 Plöschenberg, bis 800 m

Kurzer Weg auf gute Aussichtshöhe

Rauschelesee – Plöschenberg – Rauschelesee

Ausgangspunkt: Rauschelesee-Campingplatz, 515 m
Gehzeiten: Rauschelesee – Plöschenberg 1½ Stunden, Plöschenberg – Rauschelesee 1 Stunde.; Gesamtgehzeit 2½ Stunden.
Höhenunterschied: Knapp 300 m.
Anforderungen: Kurze Wald-Bergwanderung mit steilem Aufstiegs- und Abstiegsstück und schöner Aussicht.
Einkehr: Gasthof »Plöschenberg« (älteren Karten: »Toplitzer« und »Toppitzer«).
Varianten: Der Plöschenberg ist von allen Seiten her mit Fahrwegen und Wanderwegen durchzogen. Anhand der örtlichen Karte und der Markierungen kann sich jeder Wanderer auf Wunsch seine eigene Route zusammenstellen.

Der Aufstieg vom Rauschelesee ist kurz und daher steil. Oben hat der Wanderer fast ebene Aussichtswege zwischen Wurdach und dem Gasthof »Plöschenberg«.
Am **Campingplatz Rauschelesee** beginnen die Wege 33 und 35, die sich rasch teilen. Der 33er führt durch den Wald über den Bauernhof Karutschnik nach Kesnar auf dem Plöschenberg. Der 35er führt am Bach entlang auf die Höhe. Von dort geht es nach links zum Gasthof »Plöschenberg«. Eine kleine Variante würde beim Bauern Karutschnik nach rechts dem örtlichen Weg 36 zum Weiler Wurdach folgen und von dort die Aussichtsroute mit der Wegnummer 36a in der vollen Länge bis zum Gasthof »Plöschenberg« gehen. Die Spezialität der Aussicht vom **Plöschenberg** ist eine dreifache. Zuerst blickt man nach Norden zurück über das Seengebiet. Nach

Süden gibt es den Tiefblick in das Drautal, hier Rosental genannt. Über die bewaldeten Vorberge schauen die Kalkwände der Karawanken aus dieser Höhe schon recht eindrucksvoll herüber. Der Plöschenberg gilt daher auch unter den Einheimischen das ganze Jahr über als beliebtes Ausflugsziel.

Tiefblick vom Rücken des Plöschenberges auf den Rauschelesee.

27 Pyramidenkogel, 814 m

Einfache Waldwanderung – von vielen Ausgangspunkten möglich. Oben Aussichtsturm. Beste Hügelaussicht im Wörtherseegebiet.

Talorte: Alle Orte am Südufer des Wörther Sees, Keutschach, Reifnitz, u.a.
Gehzeiten: Velden/Augsdorf über Trattnigteiche 4 Stunden, Maria Wörth 1¼ Stunden, Keutschach 1¼ Stunden, Hafnersee 1¼ Stunden, Reifnitz 1½ Stunden. Rückwege etwa eine Viertelstunde bis halbe Stunde weniger.
Höhenunterschied: 300 bis 400 m.
Anforderungen: Leichte Waldwanderung mit kurzen Steilanstiegen.
Einkehr: Wirtshaus beim Gipfel.

Der Pyramidenkogel ist die beherrschende Anhöhe zwischen dem Wörthersee-Südufer bei Maria Wörth und dem sogenannten Vierseental mit Keutschacher See, Hafnersee, Rauschelesee und Baßgeigensee. Von jedem touristischen Ort führen eigene Wanderwege auf den Berg, so daß man bei den zahlreichen Abzweigungen aufpassen muß, am richtigen Weg zu bleiben. Die Markierungen sind sehr sorgfältig und reichlich.

Velden/Augsdorf: Nach dem Sporthotel Berger die Augsdorfer Straße hinaufgehen, nach dem Hotel »Schönblick« nach links abbiegen. Hier beginnt der Weg 7. Diesem über Auen bis zum Trattnigteich folgen (ca. 3 Stunden Gehzeit). Vom Teich auf dem Weg 2 in einem großen Bogen auf den Gipfel. In dem dichten Wegenetz sind auch andere Varianten möglich. **Rückweg:** Meist zu den Schiffsstationen Dellach (Wege 2, 7, 3) oder Maria Wörth (Wege 5, 1 oder 6). Rückfahrt mit dem Schiff.

Ober/Unterdellach: Von Unterdellach Wege 3 und 7, dann Weg 2 zum Gipfel. Derselbe Rückweg.

Maria Wörth: Die Wege 1 und 5 (Westteil des Ortes) oder Weg 6 (Ostteil des Ortes). Rückwege sind dieselben.

Reifnitz: Beginnend mit Weg 10 nach St. Anna, dann Weg 13. Dieser vereinigt sich mit Weg 6 von Maria Wörth. Rückweg derselbe.

Keutschach: Weg 27 vom Campingplatz bis zum Gipfel oder die Wege 25 und 26 von Plescherken etwas weiter westlich. Rückwege dieselben.

Hafnersee: Weg 24. Vereinigt sich nach kurzem Stück mit Weg 25. Rückweg derselbe.

28 Turiawald, 550 – 800 m

Einfache, aber eindrucksvolle Waldwanderung

Penken – Rupertiberg – Rupertitor – St. Egyder Tor – Penken

Talort: Plescherken.
Ausgangspunkt: Abzweigung in den Wald etwa 200 m nach dem Bauern Pleier nahe Penkensee.
Gehzeiten: Penken – Rupertiberg 1 Stunde, Rupertiberg – Penken 1½ Stunden. Gesamtgehzeit 2½ Stunden.
Höhenunterschied: Ca. 300 m Auf- und

Abstieg.
Anforderungen: Leichter Waldweg mit kurzen Anstiegen.
Einkehr: Rupertiberg.
Variante: Der Bauer Pleier ist vom Keutschacher See und vom Hafnersee über den Penkensee auf dem örtlichen Weg 28 erreichbar. Gehzeit ¾ Stunde.

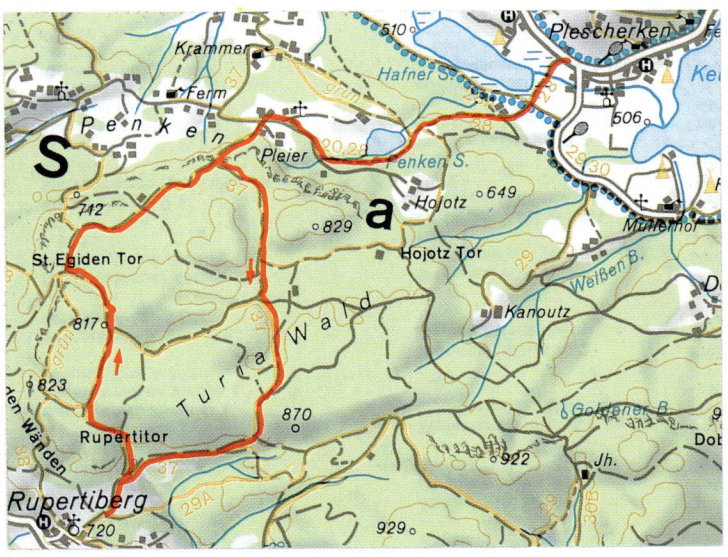

Der Turiawald als Teil der Sattnitz zwischen dem Wörthersee und dem Rosental wird von einem ausgedehnten Wanderwegesystem durchzogen. Er ist einfach zu begehen. Die Ränder fallen allerdings steil ins Drautal ab. Diese Route vermeidet den Abstieg und kehrt in Rupertiberg um.
Nach dem Zugang vom Hafnersee über den Penkensee zweigt der *Weg 37* nach dem Bauern Pleier direkt in den Wald ab und führt leicht bergan. Wer vom Wörthersee über Schiefling zufährt, sieht knapp vor der Abzweigung in den Wald linker Hand einen charakteristischen **Löschteich**. Nach etwa

500 m gabelt sich der Weg. Diese Beschreibung führt nach links und kommt dann wieder an die Gabelung zurück. Der Wanderer hat dem Weg 37 Richtung Teufelskanzel und Rupertiberg zu folgen. Über eine schöne Wiese kommt man absteigend zum Weiler **Rupertiberg** mit schönem Blick in das Drautal, hier Rosental genannt. Beherrschender Berg auf der Karawankenseite ist der Mittagskogel. Von Rupertiberg geht es zurück und nach links aufsteigend durch das **Rupertitor**, einem schmalen Durchlaß zwischen Konglomeratfelsen, wieder in den Turiawald, trifft dort auf den örtlichen *Weg 38*, der von Rupertiberg über die Saligensitze heraufführt, und folgt ihm bis zum **St. Egyder Tor**. Von dort geht es wieder nach rechts in einem Bogen zurück zum Ausgangspunkt.

Daß der Turiawald früher den Leuten nicht ganz geheuer war, zeigen die Namen Teufelskanzel, Saligensitze (die saligen Frauen sind bekannte Kärntner Sagengestalten) und der Tanzboden (Teufel und Hexen) weiter östlich. Heute sind nur die Güterwege zu fürchten. Sie erobern sich auch in diesem Wald immer mehr Weganteile.

Gut geleitet durch den einsamen Turiawald südlich des Wörthersees.

29 Kathreinkogel, 772 m

Aussichtskogel und Geschichtsberg

Velden – Augsdorf – Kathreinkogel – Aich – Velden

Ausgangspunkt: Velden am Wörthersee, 460 m, Weg 6 beginnt am Korso, Hotel »Leopold«.
Gehzeiten: Velden – Kathreinkogel 2 Stunden, Kathreinkogel – Aich – Velden

2 Stunden. Gesamtgehzeit 4 Stunden.
Höhenunterschied: Knapp über 300 m .
Anforderungen: Leichte Wanderung mit kurzem Steilaufstieg.
Einkehr: Waldschenke, Gasthöfe in Aich.

Der Weg führt vom im Sommer sehr belebten Strand von Velden ins überraschend naturnahe Hinterland. Der Weg verläuft häufig im Wald. Mit Ausnahme des Gipfelaufstieges und Abstieges bleibt er im wesentlichen flach. Für Interessierte ist die Geschichte die Hauptattraktion des Weges.
Die Markierung 6 führt vom Corso in **Velden** ansteigend nach **Augsdorf** (schöne Kirche). Es folgt ein kühles Waldstück mit der Waldschenke. Dann folgt der kurze, steile Aufstieg zum **Kathreinkogel**. Auf dem Gipfel sind Sichtluken in den Wald geschnitten worden. Die Aussicht ist so gesichert. Der Abstieg erfolgt auch auf dem Weg 6 zum Kreinz. Dort biegt er scharf

Der Kathreinkogel bei Velden (der Waldmugel rechts) vom Pyramidenkogel aus.

nach rechts und führt über den Bauernhof Kirschner nach **Aich**. Vor einem
Bach trifft der Weg den Weg 5. Auf diesem geht es zurück nach **Velden**. Der
Draublick ist ein letzter Aussichtspunkt.
Von der Jungsteinzeit über die Bronzezeit bis ins 14. Jh. geht die bekannte
Geschichte des Kathreinkogels. Eine vorgeschichtliche Festung hat einen
Wall hinterlassen. Dort wird eifrig gegraben. Nach der Jungsteinzeit folgte
als Kultur die Bronzezeit, die auch auf dem Gräberfeld von Frög mit be-
rühmten Bleifiguren gesichert ist. Die Kelten als erste namentlich bekannte
Ureinwohner Kärntens benutzten den Hügel. In der unsicher gewordenen
spätrömischen Zeit wurde der Kathreinkogel wieder Zufluchtstätte. Eine Zi-
sterne mit einer Fassung von 80 000 Liter Wasser wurde entdeckt. Die jetzi-
ge gotische Kirche der Hl. Katharina war ursprünglich romanisch.

30 Groß Sternberg – Ruine Hohenwarth – Köstenberg

Waldwanderung mit einigen kurzen Auf- und Abstiegen

Velden – Kirche Groß Sternberg – Ruine Hohenwarth – Köstenberg – Saissersee – Velden

Ausgangspunkt: Velden, 460 m, die Markierung 3 beginnt bei der Velden-Information im Zentrum.
Gehzeiten: Velden – Groß Sternberg 1½ Stunden, Groß Sternberg – Ruine Hohenwarth ¾ Stunde, Ruine Hohenwarth – Köstenberg ¾ Stunde, Köstenberg – Saissersee 1 Stunde, Saissersee – Velden 1 Stunde. Gesamtgehzeit 5 Stunden.
Höhenunterschied: ca. 500 m.
Anforderungen: Einfache Waldwanderung mit kurzen Steilanstiegen.
Einkehr: Gasthof auf dem Groß Sternberg, Gasthöfe in Kösenberg, am Saissersee.

Diese Wanderung erschließt ein sehr schönes Waldgebiet im Norden von Velden. Mit der Kirche Groß Sternberg, der Ruine Hohenwarth und der schönen Wehrkirche in Köstenberg gibt es auch kulturell interessante Punkte. Vor Köstenberg geht es noch am Golfplatz vorbei. Mit dem Saissersee liegt außerdem ein landschaftliches Schmuckstück am Wege.
Von der **Velden-Information** auf *Weg 3* durch den Ort nach Norden unter der Autobahn durch. Der Weg biegt nach links und führt schon im ländli-

Die Ruine Hohenwarth ist bestens ins Wanderwegenetz eingebunden.

chen Bereich zum Felshügel, auf dem die gotische Georgskirche **Groß Sternberg** steht. Ein eingebauter römischer Grabstein zeigt eine Frau und zwei Männer in keltischer Tracht. Die Aussicht führt vor allem die Karawanken vor Augen. Aber auch Karnische Alpen und die Julier sind zu sehen.

Durch stille Wälder führt der Weg 3 zur **Ruine Hohenwarth**, 11. Jahrhundert. Es war eine der bedeutendsten Burganlagen in der romanischen Zeit. Eroberung und Zerstörung vermutlich 1457. Von der Ruine geht es auf dem Weg 3 weiter, am Golfplatz vorbei, in die Hangsiedlung **Köstenberg** (bedeutet Kastanienberg) mit einer sehr schönen Wehrkirche. Diese Art von Kirche mit Mauer und Schießscharten ist in Kärnten sehr häufig. Es sind Schutzbauten gegen die Türkeneinfälle des späten Mittelalters und der frühen Neuzeit. Der Rückweg führt auf dem *Weg 2* einige hundert Meter auf der Straße Richtung Osten, biegt dann nach Süden ab, erreicht Oberjeserz (jezersko, slowenisch See). Von hier machen die meisten einen kurzen Abstecher zum romantischen, naturgeschützten **Saissersee**. Von dort auf dem *Weg 12* nach **Kranzlhofen** nördlich der Autobahn. Dort Anbindung an den *Weg 2* und zurück nach **Velden**.

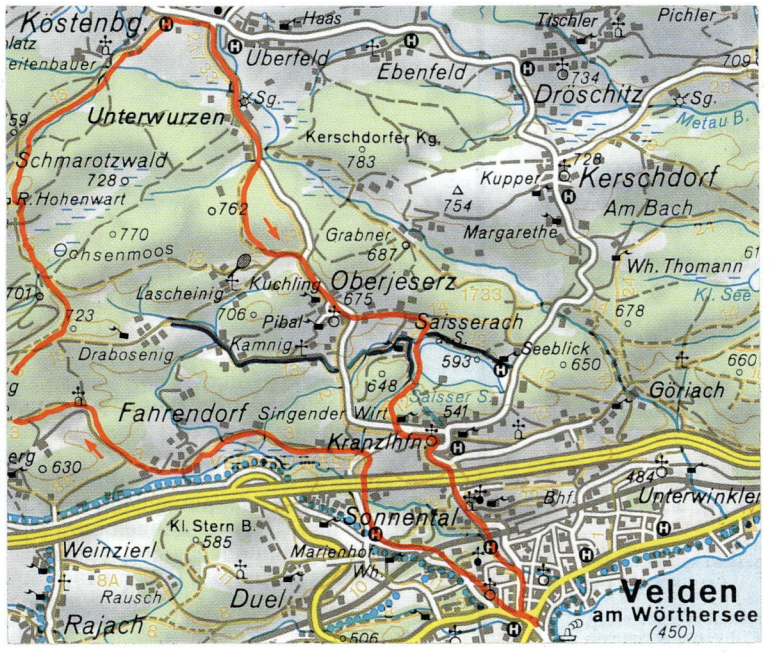

31 Hoher Gallin, 1046 m

Leichte Bergwanderung mit Waldbadesee

Velden – Forstsee – Arndorf – Hoher Gallin

Talort für Arndorf ist Pörtschach am Wörthersee.

Ausgangspunkt: Velden, 460 m, oder Arndorf, 800 m.

Gehzeiten: Velden – Arndorf 2½ Stunden, Arndorf – Hoher Gallin 1 Stunde. Rückweg 3 Stunden. Gesamtzeit 6½ Stunden.

Höhenunterschied: 580 m.

Anforderungen: Diese Kombiwanderung ist technisch sehr einfach, aber für den nicht trainierten Wanderer ziemlich lang. Wem die Tour auf den Hohen Gallin von Velden aus zu weit ist, der kann die Wanderung in Arndorf am Fuß des Hohen Gallin starten. In diesem Fall kann sie jedermann empfohlen werden.

Einkehr: Mehrere Gasthöfe unterwegs.

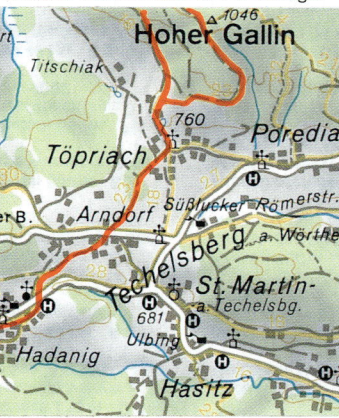

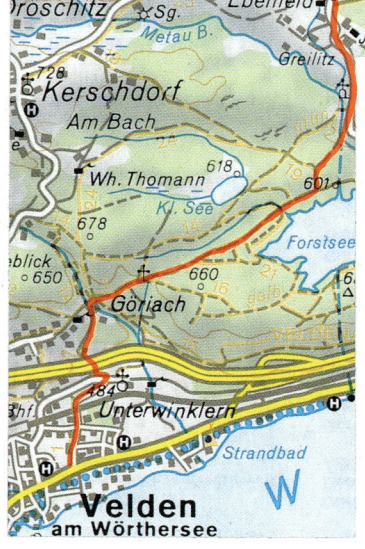

Diese Wegführung zum Hohen Gallin schließt den schönen Waldweg zum Forstsee (Stausee, Bademöglichkeit) ein. Auf dem Hohen Gallin ist ein hübscher Rundweg möglich. Die Kurzroute hingegen beginnt in Arndorf.

Der Veldener *Weg 1* führt von der Klagenfurter Straße nach Norden, geht unter der Eisenbahn durch, dann unter der Autobahn, führt durch die Römerschlucht in den Wald. Dieser hat – mitten in der Tourismusgegend – eine großartige Ruhequalität. Der **Forstsee** ist ein Stausee mitten im Wald. Freibadegelegenheit. Das »Alte Forsthaus« gleich daneben an der Straße von Saag herauf bietet Einkehr.

Der Forstsee (Stausee) im einsamen Wald auf dem Weg zum Hohen Gallin.

Vom Gasthof auf der schmalen Straße nordwärts nach **Trabenig**. Von dort auf dem *Weg 23* nach **Arndorf**. Der Weg 23 füht dann zum gut sichtbaren Waldmugel des Hohen Gallin. Er teilt sich auf der ersten Anhöhe: Ein Strang geht relativ direkt und steiler zum **Gipfel**. Ein zweiter geht auf der Südseite nach links bis zur Westseite und führt dort in Kehren zum Gipfel.

Ossiachersee, Millstätter See, Gegendtal und Faakersee

Aus dem Vollen schöpfen

In dem Gebiet drängen sich viele Höhepunkte Kärntens – der Urlauber darf aus dem Vollen schöpfen. In Villach kommen alle großen Verkehrsströme zusammen, das Stadtmuseum führt durch die Geschichte der geographischen Hauptstadt Kärntens. Die Erlebnistherme ist der Teil der Thermenregion von Warmbad Villach, durch das man auch wandern darf. In Bad Bleiberg fährt eine Stollenbahn im früheren Bergwerk in die »terra mystica«.

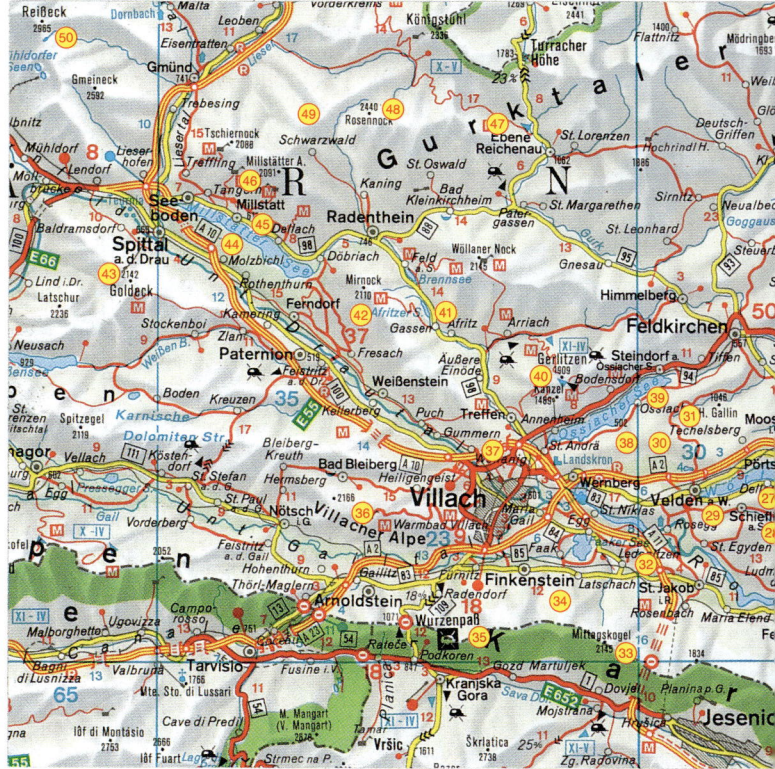

Auf der Fahrt zum Faakersee werden Kunstfreunde schon im nahen Maria Gail haltmachen und die dortige spätgotische Kirche bewundern. Die Burgruine Finkenstein beim Faakersee ist Veranstaltungsort für viele Sommerkonzerte vom Pop bis zur Opernkultur. Das Faakerseegebiet pflegt auch besonders die Radwege, hat einen großen Wildpark in Rosegg an der Drau und eine Jugendherberge in Faakersee anzubieten.

Der Ossiachersee und das Gegendtal offerieren ebenfalls ein großes kulturelles Programm. Der Carinthische Sommer, Kärntens Prestige-Hochkulturfestival, hat in Ossiach sein Zentrum. Vielbesucht ist auch das Elli-Riehl-Puppenmuseum in Winklern, gleich daneben befindet sich die Pilz-Wald-Erlebniswelt. Vom Gerlitzen-Gipfel aus führt ein Weg zum Märchenwald mit Figuren der bekanntesten Grimm'schen Märchen (Eintritt frei). Der Millstätter See bietet im Ort Millstatt ein aufgelassenes Stift mit romanischer Kirche. Die nahe Bezirkshauptstadt Spittal lockt mit einem Renaissanceschloß, Schloß Porcia. In einem Innenhof finden alljährlich die Komödienspiele statt. Im Obergeschoß ist das wohl sehenswerteste Heimatmuseum Kärntens untergebracht.

Von allen Seen leicht erreichbar ist Bad Kleinkirchheim. Seiner Thermalbäder und Bergbahnen wegen wird das Touristenzentrum häufig besucht. Der Ort ist auch der Ausgangspunkt für viele Ausflüge im Nationalpark Nockberge. Etwas entfernt liegt die alte Stadt Gmünd an der Tauernautobahn mit einer schönen Burgruine. Das Porsche-Fahrzeugmuseum wird auch gerne besucht. Ein Tagesausflug bringt den Autofahrer über eine Mautstraße zur fast 2000 m hoch gelegenen Kölnbreinsperre. An guten Tagen ein alpiner Spaziergang für alle.

Die zentrale Lage in Kärnten bietet für den Wanderer meist eine Aussicht im beliebten Panoramablick. Besondere Gunstziele dieses

Oben: Großer Rosennock (rechts) und Kleiner Rosennock – sanfte Nockriesen.
Rechts: Das letzte Stück vor dem Gipfel des Großen Reißeck, 2965 m.

Gebietes sind der Dobratsch (Villacher Alpe) oder der Mirnock-Panorama-
weg. Beide sind auch für weniger konditionsstarke Wanderer geeignet. Auf
den Dobratsch führt eine Mautstraße, zum Ausgangspunkt beim Mirnock hilft
der dreiteilige Sessellift von Verditz aus. Aber auch für die Spaziergänger unter den Wanderern ist bestens gesorgt. Die kleinen Berge sind in Zentralkärnten oft gute Aussichtspunkte (der Oswaldiberg zum Beispiel). Die nahen
Nockberge wurden als Nationalpark ausgezeichnet (siehe Rother Wanderführer Nockberge). Das Mountainbiken hat in diesem Gebiet einen Kärntner
Schwerpunkt erhalten. Die Almhüttenlandschaft auf der Millstätter Alpe wurde in den letzten Jahren für den Gast besonders gut erschlossen.

32 Wildpark Rosegg, 569 m

Spazierweg zu einem großen Tierpark an der Drau

Ledenitzen – Wildpark Rosegg – Ledenitzen

Ausgangspunkt: Ledenitzen beim Faakersee, 625 m.
Gehzeiten: Ledenitzen – Wildpark Rosegg 1 Stunde, im Wildpark in der Regel 2 Stunden Geh-Schauzeit, Wildpark – Ledenitzen 1 Stunde. Gesamtgehzeit

4 Stunden.
Höhenunterschied: Geringfügige Höhendifferenz.
Anforderungen: Spazierweg.
Einkehr: Im Wildpark und in den Orten Rosegg und Ledenitzen.

Ein ebener Weg führt durch Wald und Wiesen bis zum Wildpark an der Drau. Im Park selbst erwarten uns etwa 3 km Wanderwege und viele Ruhebänke. Ein wirklicher Spaziergang.

Anfahrt vom Faakersee nach Osten in den Ort Ledenitzen bis zum Gasthof »**Forellenhof**«. Anmarsch auf örtlichen Wegen auch möglich. Vom »Forellenhof« folgt man der *weiß-gelben Markierung* in den Wald zur Aussicht **Petelin**. Bei der Abzweigung zu diesem Aussichtspunkt geht es geradeaus weiter mit *weiß-roter Markierung* bis zum **Wildpark**. Dieser umfaßt etwa 30 Hektar. Die Tiere werden möglichst artgerecht gehalten. Neben Hirschen und Rehen gibt es Bisons zu sehen und die kleinen Muntjaks (Bellhirsche aus der Mandschurei). Mufflons und Klippenspringer leben auf dem Hügel mit der Burgruine. Die Wanderwege im Gelände sind etwa 3 Kilometer lang.

Der Wildpark Rosegg im Faakerseegebiet ist ein beliebtes Ausflugsziel.

Zahlreiche Ruhebänke laden zur Rast ein. Besuchszeit 1. April bis 31. Oktober, Einlaß Juli und August 9 – 18 Uhr, übrige Zeit 9 – 17 Uhr, der Aufenthalt ist bis zur Dämmerung gestattet.

33 Mittagskogel (Kepa), 2143 m

Anspruchsvolle Bergtour auf den bedeutendsten Gipfel der westlichen Karawanken

Illitsch Rauth – Bertahütte – Mittagskogel – Bertahütte – Illitsch Rauth

Talort: Latschach beim Faakersee.
Ausgangspunkt: Illitsch Rauth, 975 m.
Gehzeiten: Illitsch Rauth – Bertahütte 1½ Stunden, Bertahütte – Mittagskogel 2 Stunden, Mittagskogel – Bertahütte 1½ Stunden, Bertahütte – Illitsch Rauth 1 Stunde. Gesamtzeit 6 Stunden.
Höhenunterschied: 1170 m Auf- und Abstieg.
Anforderungen: Höhenmeter, Länge und Steilheit verlangen den trittsicheren, ausdauernden Bergwanderer. Keine ausgesetzten Stellen. Gipfelgrat breit.
Einkehr: Bertahütte (OeAV-Hütte), auch Übernachtungsmöglichkeit.
Variante: Von der Bertahütte auf die nahe Ferlacher Spitze, 1739 m, 1 Stunde für Hin- und Rückweg. Blick zum Faakersee und nach Kärnten sehr gut. Nach Süden steht der Mittagskogel davor.

Der Mittagskogel beherrscht mit seiner gewaltigen Nordwestwand das Faakerseegebiet und Villach. Auf dem Nordosthang darf auch der Bergwanderer aufsteigen. Nach einem zuletzt steilen Waldaufstieg wird die Bertahütte erreicht. Von hier folgt der lange Weg zum Gipfel, der einen mühsamen Steilaufstieg erfordert. Wegen der Sonne möglichst früh am Vormittag aufsteigen. Sonst wird man »gebraten«.

Vom Faakerseegebiet führen mehrere markierte Wege zur Bertahütte. Sie treffen sich beim Geländepunkt **Illitsch Rauth**. Spätestens hier soll man auch auf das Auto verzichten. Ein steiler Güterweg leitet weiter, *Markierung 680*. Hier sind oft

Der Bildstock mit dem Mittagskogel dahinter fehlt in kaum einem Kärntenbuch.

Scharen von Wanderern unterwegs. Zum Weg gibt es mehrfach schmale Steige als Alternative. Die **Bertahütte**, 1567 m, des österreichischen Alpenvereins ist das Etappenziel. Auch hier gibt es an guten Wandertagen zahlreiche Gäste. Die Markierung leitet kurz abwärts zum Ferlacher Sattel. Dort führt der Steig mit der Nummer 680 auf den Hang des Mittagskogels hinüber, quert diesen. Nach der Querung führt er sehr steil und oft rutschig aufwärts. Die Sonne scheint am Vormittag auf diesen Hang und erhitzt ihn. Es gibt unterwegs keine Quelle. Wanderer mit Planung bemühen sich daher, um zehn Uhr, spätestens aber um zwölf Uhr den **Gipfel** erreicht zu haben. Kepa ist die slowenische Bezeichnung für den Berg. Der Gipfelgrat ist breit und kann angstfrei bis zum Rand der großen Felswand im Nordwesten begangen werden. Der Tiefblick zum Faakersee ist phantastisch. Zusätzlich fasziniert, daß der Mittagskogel vom See aus optisch das Gebiet beherrscht und überhaupt nicht wanderbar aussieht. Und dann hat man es geschafft. Die Blicke vom Mittagskogel durch das Vratatal im Süden zur 1000 m hohen Nordwand des Triglav sind berühmt. Auch sonst umfaßt die Aussicht einen Gutteil der Kärntner Bergwelt und des Kärntner Beckens. Alle trittsicheren, ausdauernden Bergwanderer werden diesen Paradegipfel nicht auslassen.

34 Burgruine Finkenstein – Baumgartnerhof – Kanzianiberg

Drei Spazierwegperlen im Faakerseegebiet zusammengefaßt

Finkenstein – Kanzianiberg – Burgruine Finkenstein – Baumgartnerhof – Kanzianiberg – Finkenstein

Ausgangspunkt: Parkplatz am Kanzianiberg, 620 m, Zufahrt von Finkenstein.
Gehzeiten: Kanzianiberg 1 Stunde, bis zur Burgruine Finkenstein ½ Stunde, Finkenstein – Baumgartnerhof ¼ Stunde, Baumgartnerhof – Kanzianiberg ¾ Stunde. Gesamtgehzeit 2½ Stunden.
Höhenunterschied: ca. 400 m Auf- und Abstieg.
Anforderungen: Spazierwege, zeitweise Waldsteige. Feste Schuhe empfohlen.
Einkehr: In den Ortschaften.

Variante: Diese drei Perlen lassen sich von Latschach oder Faak am See auf den vielfältigen örtlichen Wanderwegen ebensogut erreichen wie von Finkenstein aus. Die Markierungen sind bestens.
Tip 1: Auf der Burgruine Finkenstein finden in der Sommersaison vielbeachtete Freiluftveranstaltungen für alle Arten von Musik statt. **Tip 2:** Die Region hat mit Sorgfalt eine kleinere Anzahl von Radwanderwegen errichtet und ausgeschildert (Rad-WM 1987).

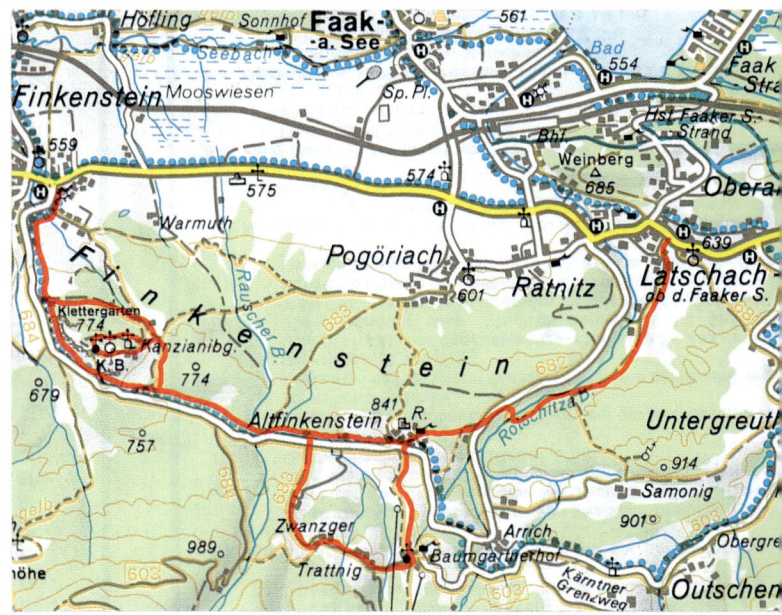

Von **Finkenstein** erfolgt eine kurze Zufahrt zum Parkplatz beim **Kanzianiberg**, 774 m. Der niedrige, aber sehr steile Felsen aufweisende Berg ist ein Übungsgebiet für Sportkletterer – Wanderer dürfen zuschauen. Auf dem Plateau wurden Siedlungsspuren ab der Jungsteinzeit gefunden. Für Wanderer gibt es einen Anstieg auf das Plateau, mit einer schönen Kirche nebenan.Ein Waldlehrpfad und einige Kneippangebote vervollständigen das Wandern am Kanzianiberg. Die Gehzeit von einer Stunde, daran muß hier erinnert werden, ist die Gehzeit ohne Rasten und Schauen. Die Realzeit am Kanzianiberg wird sich zwei Stunden nähern.

Vom Südende des Berges geht der Weg auf der Straße weiter Richtung **Burgruine Finkenstein** (korrekt Altfinkenstein), 841 m, urkundlich 1142 erstmals erwähnt. Der Aufstieg von der Verbindungsstraße zum Gasthof »Baumgartnerhof« zur Ruine dauert nur fünf Minuten. Die Verweildauer, mit der schönen Aussicht gekoppelt, wird auch hier nicht zu kurz sein. Nach der Rückkehr auf die Straße weiter zum »**Baumgartnerhof**«, 960 m (Sommerrodelbahn). Schöne Aussichtsterrasse mit Blick auf das ganze Faakerseegebiet und die Kärntner Bergwelt. Weiter geht es nach Westen zum Zwanzger, dort Abstieg zur Straße zum Kanzianiberg und Rückkehr zum **Parkplatz**.

Der Kanzianiberg bietet auch für Sportkletterer ausgesuchte Routen an.

35 Steinberg, 1656 m

Bergwanderung auf einen selten besuchten Gipfel beim Wurzenpaß

Krainberg – Steinberg – Krainberg

Talort: Riegersdorf bei Arnoldstein.
Ausgangspunkt: Krainberg, 1014 m.
Gehzeiten: Krainberg – Steinberg 2 Stunden, Steinberg – Krainberg 1½ Stunden. Gesamtgehzeit 3½ Stunden.
Höhenunterschied: ca. 600 m.
Anforderungen: Steiler Anstieg durch Wald, jedoch ohne nennenswerte Schwierigkeiten.
Einkehr: Gasthof im Erholungsort Krainberg.
Variante: Von der Bahnstation Neuhaus bzw. vom Ort Riegersdorf führt der Weg 15, zugleich Teilstück des Weitwanderweges 09, durch die erste Bergsteilstufe nach Krainberg hinauf. Gehzeit 1½ Stunden aufwärts, 1 Stunde abwärts.

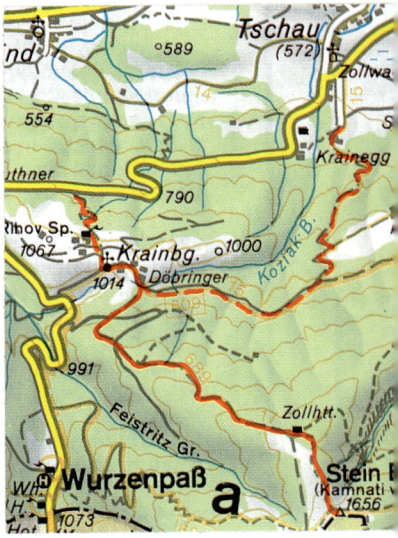

Der Steinberg ist die Alternative zum stark besuchten Dreiländereck (Sessellift). Der Aufstieg durch den Wald ist steil, aber ohne Probleme. Die Aussicht vom Gipfel zu den Julischen Alpen ist derzeit zugewachsen. Vom Gipfel steigt man rasch auf dem Weitwanderweg 03 Richtung Wurzenpaß (Westen) auf die nahe Riegersdorfer Alm ab. Sie bietet einen guten Ersatz für den Gipfelblick. Seit der Unabhängigkeit Sloweniens ist die früher gefürchtete Grenzsicherung menschlich geworden. Ein Reisepaß sollte trotzdem mitgenommen werden.

Von Riegersdorf auf der Bundesstraße Richtung Wurzenpaß abbiegen. Nach der ersten Steilstufe nach links nach Krainberg einbiegen. Beim Gasthof »Zur schönen Aussicht« ist auch der End- bzw. Anfangspunkt des österreichischen Weitwanderweges 09, der von Krainberg bis zur oberösterreichischen Grenze nach Böhmen verläuft.

Von **Krainberg** führt der Alpenvereinsweg mit der Nummer *689* durch Wald aufwärts. Nach etwa 1½ Stunden kommt eine Lichtung. Der Weg zum Steinberg führt auf einen Vorgipfel. Nach links kommt man zur **Riegersdorfer Alm.** Der **Steinberg** liegt direkt an der Grenze. Die Sicht zu den Julischen Alpen ist großartig, nur der sonst in Kärnten so häufig zu sehende Tri-

Der Steinberg beim Wurzenpaß: Hier ist Kärnten sehr einsam.

glav ist hier durch die Škrlatica verdeckt. Während auf der gegenüberliegenden Dreiländerecke an guten Tagen hunderte Wanderer vom Sessellift ausschwärmen, hat man den Steinberg fast immer ganz für sich.

36 Dobratsch (Villacher Alpe), 2166 m

Mittlere Bergwanderung auf einen Aussichtshit in Kärnten

Roßtratten – Dobratsch – Roßtratten

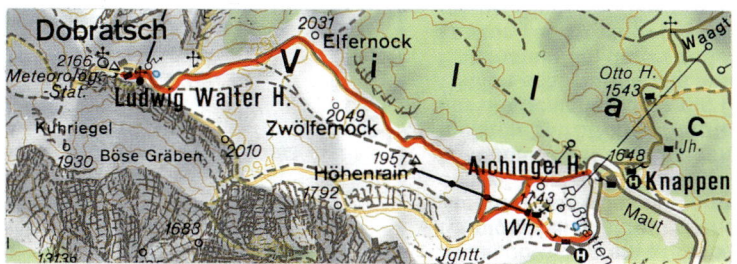

Talort: Villach-Möltschach, Beginn der Villacher Alpenstraße (Maut).

Ausgangspunkt: Ende der Mautstraße auf der Roßtratten, 1732 m.

Gehzeiten: Roßtratten – Ludwig-Walter-Haus (OeAV) beim Gipfel 1½ Stunden. Rückweg 1 Stunde. Gesamtgehzeit 2½ Stunden.

Höhenunterschied: 430 m.

Anforderungen: Wandern auf steinigem Karrenweg. Bei Schönwetter problemlos.

Einkehr: Ludwig-Walter-Haus (Österreichischer Alpenverein) direkt beim Gipfel,

auch Übernachtungsmöglichkeit, Gasthöfe auf der Roßtratten.

Tip: Der Villacher Alpengarten, etwa ein Hektar groß, mit sehr vielen Bergblumen, liegt beim Parkplatz 6 der Villacher Alpenstraße. Der Standort bietet zugleich einen Einblick in die Felsabstürze der Roten Wand und auf die nur kümmerlich bewachsenen Geröllhalden der Schütt. Im Jahre 1348 gab es nach einem schweren Erdbeben einen gewaltigen Felssturz, der einige Dörfer auf der Südseite des Dobratsch verschüttete.

Die Villacher Alpenstraße (Mautstraße), beginnt in Villach West, im Ortsteil Möltschach. Sie ist asphaltiert und breit ausgebaut. Insgesamt 6 Parkplätze vor dem Ende zeigen interessante Landschaftspunkte und Aussichten. Auf der **Roßtratten** beginnt ein Almgelände, das rasch felsig wird. Ein breiter Karrenweg, auch felsig, nimmt die erste Höhe in Kehren und führt dann relativ flach bis zum allerletzten, kurzen Gipfelanstieg. Der **Dobratsch** ist mit einer großen Sendeanlage optisch verbaut. Das **Ludwig-Walter-Haus** und die beiden alten Kirchen, die deutsche und die slowenische, besiedeln zu dritt den engen Gipfelplatz. Das Wesentliche an dieser Bergwanderung sollte denn auch die Aussicht sein. Es gibt Behauptungen, daß man von hier bis zu den Ötztaler Alpen im Westen und nach Kroatien im Osten gesehen habe. Die Lage des Dobratsch – ein ziemlich freistehender Gebirgsblock mitten in Kärnten – gibt ihm seinen freien Blick in der vollen Panoramarunde. Die Julischen Alpen sind besonders gut zu sehen. Aber auch die Beckenlandschaft bis Klagenfurt und weiter läßt sich verfolgen. Das Gailtal

Die Süd-Schauseite des Dobratsch – Wanderer haben auch leichtere Zugänge.

ist in seiner vollen Länge einzusehen. Es ist klar, daß alle Fußanstiege vom Tal aus sehr lange und sehr mühsame sind. Hier wurde bewußt der leicht wanderbare Tip mit der Straßenzufahrt gewählt – dieser Traumaussichtsberg sollte nicht nur den Bergfexen vorbehalten sein.

37 Oswaldiberg, 963 m

Genußwanderung auf die Villacher Aussichtskuppe

Töbring – Oswaldiberg – Töbring

Ausgangspunkt: Töbring bei Treffen, 520 m.
Gehzeiten: Töbring – Oswaldiberg 1½ Stunden., Oswaldiberg – Töbring 1 Stunde. Gesamtzeit 2½ Stunden.
Höhenunterschied: 440 m.
Anforderungen: Kurzer Steilaufstieg. Steig wegen Laub oft rutschig. Kein Spazierweg, sondern Wanderung.
Einkehr: Gasthöfe in Töbring, Gasthaus auf dem Oswaldiberg.
Variante: In den örtlichen Führern werden mehrere Anstiege angeboten, die untereinander oft verflochten sind. Angeführt sei der traditionelle Anstieg von Villach aus: ab Villach Eisenbahnbrücke Lind über Groß Vassach (Gasthof Gasser), Weg 13. Dieselbe Wegnummer wird auch für die Aufstiege von Klein Vassach und St. Ruprecht verwendet.

Der Aufstieg zum Oswaldiberg ist zwar kurz, aber dafür steil. Die Steige sind ordentliche Bergwege, sie verlangen festes Schuhwerk. Der Oswaldiberg ist kein Spazierwegberg, außer man benützt die Auffahrtsstraße!

In **Töbring**, gegenüber dem Markt Treffen im Gegendtal, beginnt der örtliche *Weg 23* beim Gasthof Fahlböck. Er führt durch den schattigen Wald aufwärts. Nach etwa 20 Minuten zweigt ein Steig nach rechts zur Eichholzer Höhe ab. Auch von dort kommt man markiert auf den Oswaldiberg. Der Direktweg, weiter mit Nummer 23, führt steiler werdend auf die breite **Gipfelfläche**. Eine Kirche, ein Gasthof und ein Aussichtsturm (Münzeinwurf) erwarten den Besucher. Die Aussicht ist für die Höhe und Mühe großartig. Vom Oswaldiberg schaut man zu den Karawanken und Julischen auf. Der Villacher Raum mit Faakersee und Ossiachersee und dem Gegendtal ist bestens zu sehen. Auch der Dobratsch (Villacher Alpe) zeigt von hier seine gewaltige, schräggestellte Hochfläche.

Kreuz auf dem Oswaldiberg, dem Villacher Aussichtsberg.

38 Ossiacher Tauernwanderweg, bis 900 m

Angenehme Waldwanderung mit schöner Aussicht

St. Andrä – Ruine Landskron – Kumberg – Tauernwanderweg – Gasthof Jäger – Sakoparnig – Ossiach

Reiter sind auf den Ossiacher Tauern häufig unterwegs.

Ausgangspunkt: St. Andrä bzw. hinter dem Strandhotel »Lido« am Ossiachersee, 520 m.
Gehzeiten: St. Andrä/»Lido« – Kumberg 1 Stunde, Kumberg – Sakoparnig 2½ Stunden, Sakoparnig – Ossiach 1 Stunde. Gesamtgehzeit 4½ Stunden.
Höhenunterschied: Gut 500 m Auf- und Abstieg.

Anforderungen: Kurze Steilanstiege im Wald. Oben schöner Höhenweg, einzelne feuchte Stellen im Frühjahr.
Einkehr: Ruine Landskron, Gasthof Jäger, Gasthof Sakoparnig, Talgasthöfe.
Varianten: Es gibt eine Reihe markierter Zugänge von der Nordseite und der Südseite, die eventuell auch als Abstiegsmöglichkeiten benutzt werden können.

Der Ossiacher Tauernhöhen- oder -wanderweg gilt als sehr lohnende Waldwanderung mit etwas Auf und Ab durch eine touristisch wenig verbrauchte Landschaft. Reizvolle Tiefblicke zum Ossiacher See wechseln mit guter Sicht nach Süden zu den Karawanken und Julischen Alpen.

Von **St. Andrä** auf dem örtlichen *Weg 2* aufwärts zur **Ruine Landskron**, früher eine der schönsten Burganlagen des Landes. Jetzt Restaurant und Adlerwarte (Greifvögel werden im Flug vorgeführt) – ausgezeichneter Aussichtspunkt für den Raum Villach. Ein Stück weiter auf dem Weg 2 nach Osten, erreichen wir bald die Vereinigung mit dem Weg vom Strandhotel »Lido«. Ein Güterweg wird oberhalb des Jungfernsprungs gequert. Der Tauernwanderweg mit der Nummer *1732* trennt sich hier vom Kultur- und Erlebniswanderweg 2 und führt am **Kumberg** vorbei nach Osten.

In reizvoller, naturbelassener Waldlandschaft wird der Rauterteich erreicht. Der Wanderweg steigt noch einmal etwas an und erreicht den **Gasthof Jäger** oberhalb des 18-Loch-Golfplatzes in Köstenberg. Von hier führt er mit derselben Markierung 1732 hinauf zum **Gasthof Sakoparnig**. Von dort hat man mehrfach Wegwahl nach Ossiach. Empfohlen wird hier die Weiterwanderung auf dem *Weg 6*, der rasch in den *Weg 5* mündet. Dieser führt nach rechts durch den Tauernwald zum Tauernteich. Hier beginnt der steile Abstieg nach **Ossiach**.

Vermutlich wird jeder Wanderer noch etwa 200 m weiter geradeaus nach Osten gehen und einen Blick auf das **Tauerngestüt** werfen. Es ist ein Zucht-, kein Besuchsgestüt. Aber Pferde sind fast immer zu sehen und auch zu streicheln. Der Blick auf den See und zur Gerlitzen ist sehr reizvoll. Nach dem Abstieg nach Ossiach gibt es öffentliche Busdienste oder die Ossiacher-See-Schiffahrt für eine Rückkehr an das Westende des Sees.

39 Ossiacher Kultur- und Erlebnisweg, bis 700 m

Gesamtangebot für zwei Tageswanderungen. Einzeletappen nach eigener Planung sinnvoll.

Die Hitliste: Schloß Treffen, Symposion Krastal (Bildhauerei), Elli-Riehl-Puppenmuseum, die Pilz-Wald-Erlebniswelt, Finstertal-Wasserfälle, St. Urban, Grenzsteine der Grafschaften, evangelische Kirche Tschöran, Wallfahrtskirche St. Josef auf der Tratten, Wasserfall beim Gasthof »Schützen«, gotische Pfarrkirche Steindorf, Lobisserweg (Kärntner Künstler) und Wildgehege in Sonnberg, Wehrkirche Tiffen, Geburtshaus von Suitbert Lobisser in Tiffen, Stift Ossiach in Ossiach (Spielort des Kulturfestivals Carinthischer Som-

mer), Burgruine Landskron (Greifvögel-Vorführungen, Adlerwarte).

Ausgangspunkt: Beginn an jedem Ort des Rundwanderweges möglich.

Gehzeiten: Für den ganzen Weg zwei Tage.

Höhenunterschied: Bis 200 m.

Anforderungen: Mit Ausnahme kurzer Passagen am Rand von Wasserfällen und einiger kurzer Waldanstiege Spazierwege.

Einkehr: Sehr häufig laden Gasthäuser und Jausenstationen zur Rast ein.

Die Wegidee war, die zahlreichen Sehenswürdigkeiten auch bewußtseinsmäßig für den Urlauber zusammenzubinden und durch die Markierung mit der Wegnummer *2* äußerlich zu kennzeichnen. Der Weg verläuft überwiegend etwas abseits des Ossiachersees auf den Hängen und bietet immer wieder herrliche Tiefblicke zum See. Die Einbindung des Gegendtales mit dem Hauptort Treffen vollendet die landschaftlichen Eindrücke. – Das große Buffet soll zum Auswählen anregen, nicht zum Losstürmen.

Als Beispiel soll hier kurz auf den namensgebenden Ort **Ossiach** eingegangen werden. Er liegt am östlichen Südufer des Sees, der einmal bedeutend größer war – das trockengelegte Bleistätter Moos erinnert daran. Die Gründungssage des Grafen Ozi erzählt, daß seine Frau ihren Schleier verlor. An der Fundstelle wurde das Kloster errichtet. Es hatte ein sehr wechselvolles Schicksal mit einem Höhepunkt in der Barockzeit. Im Jahre 1945 war es abbruchreif. Glücklicherweise wurde es jedoch in unsere Zeit hinübergerettet. Seit 1969 sind Stift und Kirche der glanzvolle Mittelpunkt des Carinthischen Sommers, einem Hochkulturfestival mit berühmten Orchestern und geistlichen Opern in der Stiftskirche.

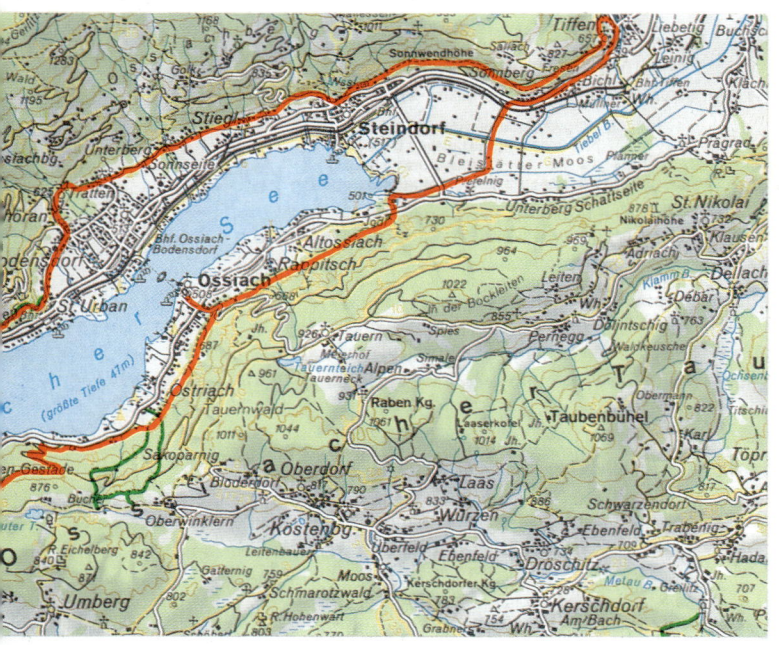

40 Hüttenwanderung auf der Gerlitzen, 1615 m

Bequeme Wanderung von der Steinwender Hütte zur Hinteren Buchholzer Hütte und zurück

Steinwender Hütte – Gerlitzenkamm – Hintere Buchholzer Hütte – Steinwender Hütte

Talort: Treffen im Gegendtal.
Ausgangspunkt: Wegabzweigung auf der Gerlitzen-Mautstraße vor der Waldtratte, ca. 1500 m.
Gehzeiten: Abzweigung – Steinwender Hütte 1 Stunde, Steinwender Hütte – Hintere Buchholzer Hütte 1 Stunde. Rückwege je 1 Stunde. Gesamtgehzeit 4 Stunden.
Höhenunterschied: Ca. 250 m.

Anforderungen: Einfache Wanderung durch Wald.
Einkehr: Steinwender Hütte, Hintere Buchholzer Hütte.
Variante: Vom Scheitelpunkt dieser Wanderung ist der aussichtsreiche Gipfel der Gerlitzen, 1909 m, auf dem Weg 1762 in einer ¾ Stunde zu erreichen. Die Gerlitzen ist stark verbaut, die Aussicht ist davon aber unberührt geblieben.

Diese Wanderung führt durch ein weniger stark erschlossenes Gelände auf der Gerlitzen. Sie bietet die günstige Gelegenheit für einen Besuch dieses aussichtsreichen Gipfels.
Von Treffen im Gegendtal Auffahrt über die Mautstraße (es gibt insgesamt drei, die auf die Gerlitzen führen) bis vor die Waldtratte. Dort zweigt der Weg *1761 bzw. 31* nach links fast eben zur privaten **Steinwender Hütte** ab. Der

Die Hintere Buchholzer Hütte auf der weniger »genutzten« Seite der Gerlitzen.

Weg 31 hat eine zweite Wegführung, die sich vor der Hütte an die obere an-schließt. Die **Steinwender Hütte** liegt als glänzender Aussichtspunkt hoch über Treffen. Von hier geht es auf einem Teilstück des Weitwanderweges *09* kurz ansteigend zum Gerlitzenkamm hinauf. Es folgt ein hübsches Alm-stück, und dann senkt sich der Steig zur **Hinteren Buchholzer Hütte**. Sie bietet den Einblick zum Wöllaner Nock, ins Gegendtal und zum Mirnock.

41 Sonn- und Schattseite im Gegendtal

Die große Runde um Brennsee und Afritzsee

Feld am See – Rudolf-Greinz-Weg – Wiesen – Seeweg – Afritz – Sonnenweg – Feld am See

In Kärnten gibt es in fast allen Tälern eine Sonnseite, die günstiger für die Landwirtschaft ist, und eine Schattseite, die meist der Wald beherrscht. Der Urlauber wird an heißen Sommertagen fürs Wandern die Schattseite als seine Gunstseite wählen. Das Gegendtal bietet beide Möglichkeiten. Es sind in jedem Fall angenehme Hangwege.

Feld-/Brennsee mit Feld am See im Gegendtal zwischen Villach und Radenthein.

Ausgangspunkt: Beginn an jedem Punkt des Rundwanderweges möglich.

Gehzeiten: Feld am See – Wiesen 1 Stunde, Wiesen – Afritz 1 Stunde, Afritz – Feld am See über Sonnenweg 2 Stunden. Gesamtzeit 4 Stunden.

Höhenunterschied: Bis 100 m.

Anforderungen: Spazierweg auf guten Waldpfaden. Feste Schuhe erforderlich.

Einkehr: Zahlreiche Gasthöfe.

Variante: Es verläuft direkt am Brennsee und am Afritzsee ein von der Bundesstraße getrennter, schmaler, guter Steig. Die Straße ist in der Saison aber sehr stark befahren. Daher atmet der Wanderer die Abgase ein. In verkehrsarmen Zeiten ist auch die Variante ein Hit.

In **Feld am See** (sehenswerter Alpenwildpark) geht es zum Bildstock an der Bundesstraße, weiter nach links bis zum Anfang des *Rudolf-Greinz-Weges*. Er verläuft als Weg Nummer *1* auf der Schattseite am Hang des Mirnock. In Wiesen endet der erste Wald. Der Steig, nun die Nummer *2*, führt auf der Schattseite des Afritzer Sees entlang und weiter bis zum Ort **Afritz**. Dort wechselt er auf die Sonnseite und führt als Weg *3*, als *Sonnenweg*, auf dem Hang des Wöllaner Nock zurück nach **Feld am See**. Mirnock und Wöllaner Nock sind die Hausberge des Gegendtales. Wem dieser Rundweg gutgetan hat, findet sich in bester Gesellschaft. Der berühmte Arzt Paracelsus reiste mehrmals aus dem nahen Villach an, um sich im Reizklima des Gegendtales zu erholen.

42 Mirnock, 2110 m – Panoramaweg

Aussichtsreiche Höhenwanderung zwischen Drautal und Gegendtal

Bergstation Afritzer Sessellift – Palnock – Mirnock – Palnock – Bergstation

Talort: Afritz, Talstation der Verditzer Sessellifte, 668 m.
Ausgangspunkt: Bergstation der 3. Sektion des Sesselliftes, 1832 m.
Gehzeiten: Bergstation – Mirnock 2 Stunden. Rückweg 2 Stunden. Gesamtgehzeit 4 Stunden.
Höhenunterschied: Ca. 500 m Auf- und Abstieg.
Anforderungen: Bei gutem Wetter mittlere Bergtour auf breitem Höhenrücken.
Einkehr: Kulnighütte.
Variante: Wenn der Sessellift nicht in Betrieb ist bzw. nur die untere Sektion (Sommerrodelbahn), empfiehlt sich die Zufahrtsmöglichkeit bis zum Gasthof »Almrausch«, ca. 1300 m, Ende der 2. Sektion des Liftes. Gehzeit zum Kamm 1½ Stunden.

Die Aussicht auf der breiten Kammhöhe zwischen Palnock und Mirnock umfaßt einen Gutteil Kärntens und die Julischen Alpen. Der Weg ist einfach, nur bei Nebel ergeben sich evtl. Orientierungsprobleme. Neben der Bergstation des Sesselliftes steht die **Kulnighütte**. Sie ist meist nur geöffnet, wenn der Lift in Betrieb ist. Von dort geht es zum **Schwarzsee** und weiter zum ersten Gipfel, der breiten Kuppe des **Palnock**, 1901 m. Von hier übersieht der Wanderer die Genußstrecke über breite Almmatten zum Mirnock. Der Weg fällt etwa 170 Höhenmeter auf einen kleinen Sattel

Blick vom Mirnockkamm auf die Sonnseite des Gegendtales.

und steigt dann steiler an zum **Lahnernock**. Das wiederholt sich nach dem Lahnernock mit Abstieg und Anstieg zum **Rindernock**. Dieser Grasmugel mit 2024 m Seehöhe wird links umgangen. Dann folgt der letzte Kurzanstieg zum Mirnockgipfel mit Kreuz.

Die Wegeinformation dort beweist, daß der **Mirnock** ein halbes Dutzend Talorte hat, von denen aus er erwandert werden kann. Die Ersteigung des Mirnock ist dadurch erleichtert, daß es auf jeder Bergseite auch anfahrbare Berggasthöfe gibt, z.B. die Kohlweißhütte vom Afritzer See aus oder den Berggasthof Possegger vom Millstätter See. Der Tiefblick vom Mirnock in das Gegendtal und in das Drautal ist lohnend: Millstätter See und großer Egelsee leuchten herauf.

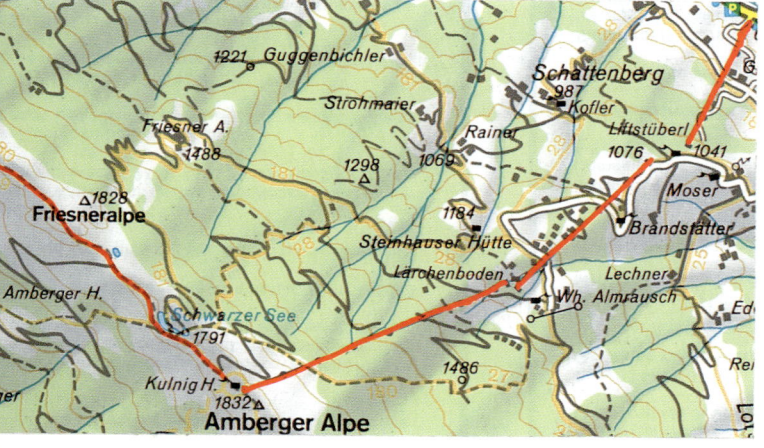

43 Gusenalm, 1720 m

Einfache Bergwanderung im Goldeckgebiet

Bergstation Goldeckbahn – Gusenalm – Bergstation

Talort: Spittal an der Drau.
Ausgangspunkt: Bergstation Goldeck-bahn, 2059 m.
Gehzeiten: Bergstation Goldeckbahn – Gusenalm – 1 Stunde, Gusenalm – Berg-station 1½ Stunden; Gesamtgehzeit 2½ Stunden.
Höhenunterschied: 350 m.
Anforderungen: Bei Schönwetter einfa-che Bergwanderung auf guten Steigen.
Einkehr: Gaststätte Bergstation, Gusen-alm (einfache Almspezialitäten).
Variante: Anfahrt mit dem Auto von Zlan im Drautal südlich von Spittal auf der Goldeck-Panoramastraße (Maut) bis zum Gasthof »Seetal«. Von dort eine Viertel-stunde bis zur Gusenalm. Die Mautstraße ist etwa 14 km lang und gut ausgebaut. Talort im Drautal ist Mauthbrücken.

Ziegen auf der Gusenalm – eine Attraktion nicht nur für Kinder!

Diese kurze Bergwanderung führt in eines der wenigen touristisch ungenutzten Gebiete der Region. Das Goldeck ist wegen seiner Aussicht berühmt.
In der Bezirkshauptstadt **Spittal** an der Drau zur Talstation der Kabinenbahn auf das Goldeck. In zwei Stationen bis unter den **Goldeckgipfel**, der auch eine Rundfunkstation aufweist. Unser Weg führt am Goldeckhang nach Süden, er ist ein Teilstück des Weitwanderweges 10 vom deutsch-österreichisch-tschechischen Dreiländereck zum Naßfeld in Kärnten. Die örtliche Wegnummer ist erst *32*. Bald verzweigt sich der Steig. Nach links kann man zum Gasthof »Seetal« (Panoramastraße) absteigen. Wir bleiben rechts, der Weg mit der Nummer *22* führt nun durch wenig berührtes Almgelände hinab zur **Gusenalm**. In der Regel Weidevieh, Ziegen. Die Hütte ist einfachst bewirtschaftet (Buttermilch). Schöner Blick auf die Latschurgebiete mit der Nordwand des Staff.

44 Großer Egelsee, 770 m

Waldwanderung zu einem großen Moorsee

Seeboden – St. Wolfgang – Großer Egelsee – Lug ins Land – Seeboden

Ausgangspunkt: Seehotel Steiner, Seeboden am Westende des Millstätter Sees, 590 m.

Gehzeiten: Seehotel Steiner – Großer Egelsee 2 Stunden, Egelsee – Lug ins Land ¼ Stunde, Lug ins Land – Seehotel Steiner 2 Stunden; Gesamtgehzeit 4¼ Stunden.

Höhenunterschied: Ca. 200 m.

Anforderungen: Leichter Waldweg, an manchen Stellen sehr feucht.

Einkehr: Gasthof »Lug ins Land«.

Variante: Von Spittal an der Drau führt der örtliche Weg 23 vom Gasthof Strießnig nach St. Wolfgang. Gehzeit ½ Std. Für den Rückweg vom Lug ins Land kann man auch die örtlichen Wege 23/1 und dann 2 am Südufer des Millstätter Sees wählen. Weg 2 endet auch beim Seehotel Steiner. Gehzeit 2 Stunden. Vom Ort Millstatt kann man über den See mit dem Schiff zur Schloßvilla fahren und auf den Wegen 2 und 23/1 zum Großen Egelsee gehen. Gehzeit ca. ½ Stunde.

Das flache Waldgebiet zwischen dem Millstätter See und dem Drautal bietet ein ausgedehntes, gut markiertes Wanderwegenetz an. Der Große Egelsee ist der landschaftliche Höhepunkt. Vor allem in seiner Umgebung – er ist ein

Der Große Egelsee in der Waldeinsamkeit südlich des Millstätter Sees.

Moorsee – ist der Boden manchmal tief. Gute Wanderschuhe sind sehr von Nutzen, da ein Einsinken in den Boden oft nicht vermieden werden kann.
Vom **Seehotel Steiner** führt der örtliche *Weg 5* in östlicher Richtung, unterquert die Tauernautobahn und wendet sich nach rechts zur schönen Höhenkirche **St. Wolfgang**. Obwohl es ein kleiner Umweg ist, würde ich diesen dem örtlichen Weg 9 vorziehen, der auch an den Egelsee-Höhenweg mit der Nummer *23* anbindet. Von St. Wolfgang geht es beständig und ziemlich eben östlich durch den Wald. Das Gebiet ist sehr ruhig. Mountainbiker sind manchmal Weggenossen, nicht Konkurrenten. In der Nähe des **Großen Egelsees** wird der Waldboden moorig. Der See selbst liegt wunderschön zwischen Bäumen und einer kleinen Anhöhe. Der große Berg, der sich im östlichen Seeteil spiegelt, ist der Mirnock, ein beliebter Aussichtsberg, der auch in diesem Führer angeboten wird. Im Großen Egelsee ist Baden erlaubt – wer kaltes Wasser aushält, sollte es versuchen. Wer bis zum Großen Egelsee gewandert ist, sucht fast immer den **Lug ins Land** auf. Das ist ein nahegelegener Aussichtsfelsen, der einen schönen Blick in das Drautal und zum Goldeck bietet. 200 m unterhalb des Felsens liegt das verwunschen aussehende Waldgasthaus »Lug ins Land« (markierter Weg). Der Rückweg vom Gasthaus führt über den Weg 23/1 nach rechts. Ab der Kreuzung mit Weg 23 führt der Steig mit der Nr. 1 zum Seehotel Steiner zurück.

45 Kneipp-Biotrainings-Wanderweg, 1625 m

Sehr ordentliche Schluchtwanderung mit Kneippangebot

Obermillstatt – Schwaigerhütte – Obermillstatt

Talort: Obermillstatt.
Ausgangspunkt: Parkplatz für Kneippwanderer, 860 m.
Gehzeiten: Bioweg – Schwaigerhütte 3 Stunden. Rückweg 2½ Stunden. Gesamtgehzeit 5½ Stunden, ohne Kneippübungen. Die Schwaigerhütte ist über eine Mautstraße anfahrbar. Man kann sich von dort abholen lassen.
Höhenunterschied: Ca. 770 m.
Anforderungen: Anspruchsvolle

Schluchtwanderung an einem Bach aufwärts. Aber gut gepflegte Steiganlage.
Einkehr: Schwaigerhütte.
Variante: Der Schluchtweg beginnt bereits in Millstatt beim Marktbrunnen. Erst in der Laubendorfer Straße biegt der Weg 193 (auch mit 36 und 54 gekennzeichnet) in die Riegerbachschlucht ein. Nach einer halben Stunde Aufstieg trifft der Weg den Anfang des Kneipp-Wanderweges beim oben genannten Ausgangspunkt.

Vom Parkplatz in **Obermillstatt** geht es in die Schlucht des Riegerbaches. Hier beginnt der *Willi-Dungl-Kneipp-Biotrainings-Wanderweg Obermillstatt*, wie er mit seinem kompletten Namen heißt. Willi Dungl, Österreichs bekanntester Masseur (u.a. Masseur des zweifachen Formel-1-Weltmeisters Niki Lauda), hat den Weg für die Dorfgemeinschaft Obermillstatt entworfen. Ein eigenes Faltblatt gibt dem Unkundigen genaue Trainingsanleitungen. In fünf Etappen zieht der auch ohne Kneippübungen sehr zünftige Schluchtweg aufwärts. Nach jeder Etappe ist ein Ausstieg mit einfacherem Rückweg eingeplant. Ein Beispiel aus dem Faltblatt über das richtige Wassertreten: Rasch Schuhe und Strümpfe ausziehen und sofort in das Wasser steigen, das Wasser soll zumindest bis zur Wadenmitte reichen. 20 – 30 Sekunden im Storchengang (immer abwechselnd die Beine heben) gehen, bis richtiges Kältegefühl einsetzt. Danach sofort die Wollsocken über die nassen Füße ziehen und rasch weitergehen.

Frühling am Millstätter See – Blick zur Kreuzeckgruppe.

46 Kamplnock, 2101 m

Leichter Nock mit sehr guter Panoramasicht

Schwaigerhütte – Millstätter Hütte – Millstätter Törl – Millstätter Hütte – Alexanderhütte – Schwaigerhütte

Talort: Mautstelle für die schmale Mautstraße in Öttern. Zufahrt aus allen Talorten im Millstätter-See-Gebiet möglich.
Ausgangspunkt: Schwaigerhütte am Ende der Mautstraße, 1625 m.
Gehzeiten: Schwaigerhütte – Kamplnock 1½ Stunden, Kamplnock – Alexanderhütte 1 Stunde, Alexanderhütte – Schwaigerhütte ¼ Stunde. Gesamtgehzeit 2¾ Stunden.
Höhenunterschied: 475 m.
Anforderungen: Einfache Alm-Bergwanderung.

Einkehr: Schwaigerhütte (privat), Millstätter Hütte (OeAV), Alexanderhütte (privat).
Variante: Anstelle des Kamplnock wird sehr häufig sein Gegenüber, der Hochpalfennock, für den Gipfelrundwanderweg angeboten. Die Variante läßt sich auch kombinieren: Man geht in diesem Fall vom Kamplnock über das Millstätter Törl auf den Hochpalfennock und von dort zur Alexanderhütte: zusätzlich eine halbe Stunde.

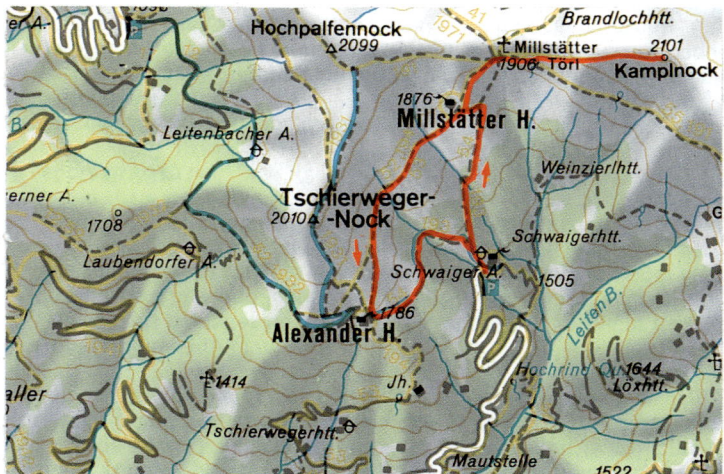

Bei dieser Tour handelt es sich um eine unschwierige, aussichtsreiche Rundwanderung auf den Nockbergen nördlich des Millstätter Sees.
Die Auffahrt über die schmale, 4,4 km lange Mautstraße, geschottert, endet auf einem Parkplatz bei der **Schwaigerhütte**. Der Weg *193* führt steil aufwärts. Nach etwa 300 m verzweigt er sich. Nach links geht es zur Alexanderhütte, nach rechts weiter aufwärts zur **Millstätter Hütte**. Diese liegt schon

im freien Almgelände und ist von weitem sichtbar. Von dort geht es auf einem breiten Weg ziemlich flach aufwärts zum **Millstätter Törl**. Nach rechts führt ein kaum erkennbarer Steig auf dem Kamm zum Gipfelkreuz des nahen **Kamplnock**. Er ist die westlichste Erhebung des langen, zerrissenen Kammbogens der Millstätter Alpe und bietet gute Einblicke in die westlichen Nockberge mit dem Großen Rosennock. Auch die vergletscherte Hochalmspitze, der Ankogel und die südlichen Latschurberge sind gut zu sehen. Der Tiefblick ins Nöringtal bis hinaus ins Liesertal mit der Tauernautobahn vermittelt Eindrücke von der bergbäuerlich geprägten Landschaft. Nach der Rückkehr zur Millstätter Hütte geht es auf dem Weg *194* schräg über Almgebiete hinab zur **Alexanderhütte**. Sie bietet von ihrer Terrasse einen herrlichen Tiefblick auf den Millstätter See. Von dort führt der Weg *193* zurück zur Vereinigung mit dem Weg von der Millstätter Hütte und leitet abwärts zur nahen **Schwaigerhütte**.

Die Alexanderhütte bietet den schönsten Tiefblick auf den Millstätter See.

47 Kleinkirchheimer Höhenweg, 1900 bis 2334 m

Angenehme Bergwanderung auf technisch leichtem Steig

Bergstation Brunnachalm – Mallnock – Klomnock – Steinhöhe – Falkerthaus – St. Oswald

Nockwandergenuß zwischen Mallnock und Klomnock (rechts).

Talort: Bad Kleinkirchheim.
Ausgangspunkt: Bergstation Brunnachalm, 1902 m.
Gehzeiten: Bergstation Brunnachalm – Mallnock 1 Stunde, Mallnock – Klomnock 40 Minuten, Klomnock – Falkerthaus 2 Stunden, Falkerthaus – Talstation Sessellift 50 Minuten. Gesamtgehzeit 4½ Stunden.
Höhenunterschied: 430 m.

Anforderungen: Angenehme und leichte Bergwanderung. Wetterrisiko beachten, Wind- und Regenschutz mitnehmen.
Einkehr: Mittelstation Sessellift, Falkerthaus.
Variante: Kurzvariante: Rückkehr vom Mallnock zur Bergstation. Langvariante: Weiterwanderung zum Falkert. Von dort Abstieg zum Falkerthaus oder über die Moschelitzen und Totelitzen zurück.

Von Bad Kleinkirchheim fährt man nach St. Oswald bis zur Talstation des Brunnach-Sesselliftes. Die Morgenfahrt beginnt in der Regel um 9 Uhr. In zwei Sektionen wird die **Brunnachhöhe** erreicht. Beim *Bad Kleinkirchheimer Höhenweg* folgt man dem *Weg 1* nach rechts auf den gut sichtbaren **Mallnock**, dem ersten Aussichtsgeschenk dieses Weges. Wanderer mit weniger Kondition können ungeniert vom Mallnock zur Bergstation zurückkehren. Es geht fast eben entlang der Schönfeldköpfl weiter. Ein kurzer Aufstieg führt zum **Klomnock**. Er ist der zentrale Gipfel dieses Talschlusses. Vor allem der Tiefblick auf den Windebensee ist sehr reizvoll. Der Bad Kleinkirchheimer Höhenweg geht zur **Steinhöhe** weiter, einer wenig markanten Erhebung auf dem Grat. Dann muß man die Abzweigung des örtlichen *Weges 10* nehmen und steigt über die Almflächen steil ab in den Hundsfeldgraben. Dieser wird gequert, das **Falkerthaus** bietet Einkehr. Von hier auf einer Straße hinaus zur Talstation des Sesselliftes in **St. Oswald**.

48 Großer Rosennock, 2440 m

Mittlere Bergwanderung auf den höchsten Nockberg

Erlacher Hütte – Großer Rosennock – Erlacher Hütte

Talort: Radenthein.
Ausgangspunkt: Erlacher Hütte im Langalmtal, 1636 m.
Gehzeiten: Erlacher Hütte – Großer Rosennock 2 Stunden. Rückweg 1½ Stunde. Gesamtzeit 3½ Stunden.
Höhenunterschied: 800 m Auf- und Abstieg.
Anforderungen: Mittlere Bergwanderung, vor dem Gipfel sehr langer ungeschützter Almaufstieg. Keine technischen Schwierigkeiten.
Einkehr: Erlacher Hütte.
Variante: Großer Rosennock von Bad Kleinkirchheim aus: Von Bad Kleinkirchheim Auffahrt nach St. Oswald bis zur Talstation des Sesselliftes Brunnachhöhe, Auffahrt mit dem Sessellift. Von der Bergstation auf dem örtlichen Weg 162 zur Erlacher Hütte und dann weiter wie unten. Oder: Auf dem auch 162 markierten Weg weiter zur Oswalder Bockhütte, Querung zur Erlacher Bockhütte auf dem Weg 13,

von dort auf dem Weg 13 am Fuß der Zunderwand weiter zum Naßbodensee, dort Vereinigung mit dem Aufstieg von der Erlacher Hütte. Oder, um die Varianten in dem reichmarkierten Gebiet auszuschöpfen: Aufstieg von der Erlacher Bockhütte Richtung Erlacher Bocksattel, vor dem Sattel nach links Aufstieg auf die Kaninger Wolitzen (einer Almhochfläche auf rund 2000 m), diese bis zum Törl queren und dann sanfter Abstieg zum Naßbodensee. Diese Varianten sind in Wirklichkeit keine Varianten, sondern vollgültige, markierte Wege zum Großen Rosennock mit dem Ausgangspunkt Bad Kleinkirchheim. Eine wirkliche Variante für trainierte Bergwanderer ist meine »Geheimroute« zum Gr. Rosennock. Abstieg vom Kl. Rosennock zum Sattel hinüber zum Gr. Rosennock, auf schmalem Steig auf die Nordseite des Gr. Rosennock und dort ziemlich freier Aufstieg zum Gipfel. Noch einmal: nur für trainierte und selbständige Bergwanderer.

Der Aufstieg zum Großer Rosennock auf dieser Route ist eine klassische Wanderung. Nach einem Steilaufstieg werden der Naßbodensee und das Kar erreicht. Dann folgt eine gewaltige Almmatte bis zum Gipfel. Hier ist der Wanderer ungeschützt eventuell aufziehenden Unwettern ausgesetzt.

Von Radenthein beim Millstätter See folgt man der Straße nach Kaning, einem sehr hübschen Bergdorf. Von dort geht es auf der Straße in das Langalmtal bis zum Parkplatz vor der Erlacher Hütte. Von Kaning 12 Kilometer. Wenn der Parkplatz bei der Erlacher Hütte an schönen Tagen ausgebucht ist, muß man sich etwas vorher einen Parkplatz suchen. (Das kommt gar nicht so selten vor.) Die Erlacher Hütte, Ausgangs- und Endpunkt der Tour, zählt zu jenen Almgasthöfen, die sich den bäuerlichen Spezialitäten verschrieben haben.

Von der **Erlacher Hütte** geht es nach links, auf einem breiten Güterweg mit der Wegnummer *170* Richtung **Feldhütte**. Es führen von dort die Wege 171 und 170 mit kleinen Variationen zum **Naßbodensee**, den man nicht auslassen sollte – von der kleinen Lacke, die er in Wirklichkeit ist, hat man nämlich den besten Blick in das Kar der beiden Rosennocke, des Großen links und

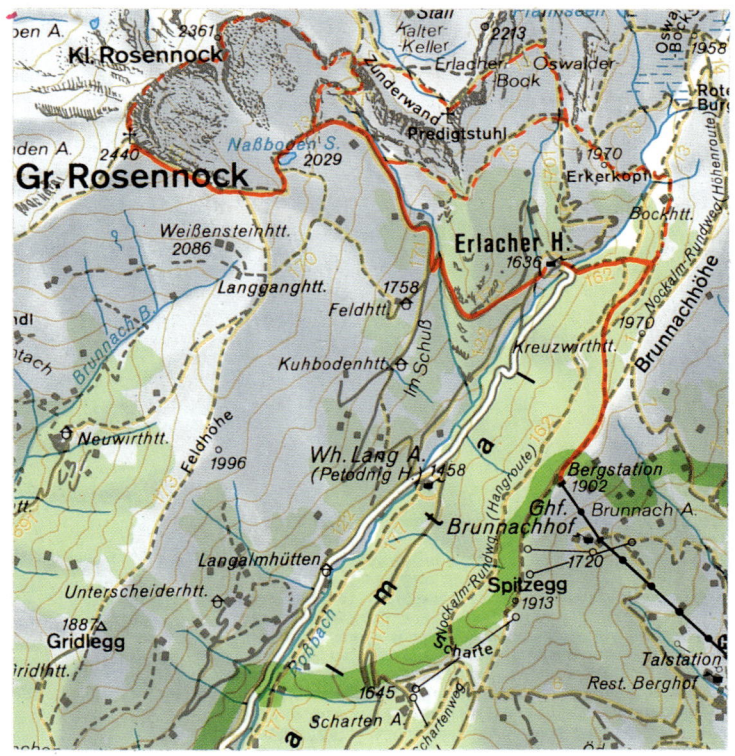

des Kleinen rechts, mit einer schönen Scharte dazwischen. Eine Ruhebank unterstützt das Schauen. Vom See geht es nach links, weiter steil aufwärts. Die Wegnummer heißt nun *13*. Man erreicht bald den Rand der Almfläche gegen den Steilabbruch zum Kar hin. Hier windet sich nun der Steig aufwärts. Die Sonne brennt sehr stark dorthin, der Wind bläst ungebremst, wenn er bläst, und der Regen fällt ungehindert. So einfach der Anstieg an kühlen Schönwettertagen auch ist, so lästig kann heißes Wetter oder Schlechtwetter sein. Der **Gipfel** des Großen Rosennocks ist ein ganz besonderer Aussichtspunkt. Es bietet die klassische Kärntensicht mit Karawanken und Julischen Alpen, die Karnischen sind dabei, das Reißeck und die Hochalm. Die Wanderwelt in den Nockbergen läßt sich nach Osten und in den Norden hinein erforschen.

49 Stileck, 2179 m

Mittlere Bergwanderung in sehr schönem Almgelände

Thomanbauerhütte – Stileck – Langnock – Lamprechtshütte – Thomanbauerhütte

Talort: Radenthein.
Ausgangspunkt: Thomanbauerhütte, 1697 m.
Gehzeiten: Thomanbauerhütte – Stileck 1½ Stunden, Stileck – Langnock – Thomanbauerhütte 1½ Stunden. Gesamtgehzeit 3 Stunden.
Höhenunterschied: Ca. 500 m.
Anforderungen: Mittlere Bergwanderung auf einfachen Wegen und Steigen.
Einkehr: Thomanbauerhütte.
Variante: Wer nur ganz kurz einen 2000er schnuppern will, geht den Weg zum Stileck auf breitem Güterweg bis zum Rabenkofel (Kreuz) mit und kehrt dort um. Gehzeit ¾ Stunde aufwärts, ½ Stunde retour.

Bei gutem Wetter ein unschwieriger Gipfelsieg, durch ein prachtvolles Almgelände aufgewertet. Das Stileck wird noch wenig besucht, weil es so schön unpraktisch abseits liegt.

Vom Millstätter See in die Industriestadt Radenthein fahren. Von hier nach Norden Richtung Kaning abbiegen. Vor Kaning die Abzweigung auf den Nöringsattel nehmen. Knapp vor dem Sattel ausgeschilderter Zufahrtsweg nach rechts zur Thomanbauerhütte. Noch wandermäßiger ist es, die halbe Stunde vom Nöringsattel zur Hütte auf ziemlich flachem Weg zu Fuß zu gehen. Das Stileck wird von Döbriach am Millstätter See aus auch mit geführten Wanderungen angeboten.

Die **Thomanbauerhütte** ist ein besonders gepflegter Fall, daß ein Talbauer im Sommer seine Gäste mit Produkten des eigenen Bauernhofes bewirtet. Von der Hütte geht es auf dem *Weg 193* aufwärts durch wunderschönes Almgelände auf den **Rabenkofel**. Von dort führt ein schmaler, sanft ansteigender Steig auf das aussichtsreiche **Stileck**. Es ist die zweite von zwei Kuppen und bietet auch einen lohnenden Tiefblick auf Almen und das Liesertal. Die Aussicht umfaßt Reißeckgruppe, Hochalmspitze, Ankogel und Großen Hafner ebenso wie die nahen Nockberge und die Julischen Alpen.

Auf dem Weg zum Stileck – die beiden Rosennocke im Hintergrund.

Der Rückweg folgt zunächst dem Aufstiegsweg, zweigt dann aber nach links auf den 2109 m hohen **Langnock** ab, der von hier als Berg nicht recht zu erkennen ist – er ist ein mehr oder weniger unscheinbarer Almhügel. Ein Blick vom Langnock hinunter zur Lamprechtalm relativiert dann wieder diese Feststellung. Es folgt ein kurzer, steiler Abstieg, schließlich leitet ein Güterweg zurück zur **Thomanbauerhütte**.

50 Großes Reißeck, 2965 m

Technisch mittlere Bergwandertour in hochalpinem Gelände

Bergstation Reißeckbahn – Großes Reißeck – Bergstation

Das Riekentörl, die erste Etappe auf dem Weg zum Großen Reißeck.

Talort: Kolbnitz im Mölltal.
Ausgangspunkt: Bergstation Reißeckbahn, 2250 m.
Gehzeiten: Bergstation – Großes Reißeck 2½ Stunden. Rückweg 2 Stunden. Gesamtgehzeit 4½ Stunden.
Höhenunterschied: 715 m Auf- und Abstieg.

Anforderungen: Trittsicherheit erforderlich. Keine ausgesetzten Stellen. Beim letzten Grataufstieg vor dem Gipfel manchmal Mithilfe der Hände nützlich. Schönwetter absolut erforderlich.
Einkehr: Sporthotel Reißeck bei der Bergstation, Reißeckhütte (OeAV) zehn Minuten davon entfernt.

Ein Gipfel, fast 3000 m hoch, wird durch die Bergbahn zur gehmäßig einfachen Tagestour. Die Steige sind durch das Geröll gut geschichtet (»Geröllautobahn«). Der letzte Aufstieg zum Gipfel ist steil, aber nicht ausgesetzt. Wegen der großen Höhe ist sicheres Schönwetter eine Voraussetzung für diese Wanderung, die jedem erfahrenen Bergwanderer Genuß bereiten wird.
Vom Millstätter See über Möllbrücke in das Mölltal nach Kolbnitz fahren. Dort befindet sich der gut ausgeschilderte, große Parkplatz bei der Reißeck-Höhenbahn. Von der Seehöhe 718 m gelangt man in drei Sektionen und einer Stunde Fahrzeit in geschlossenen Waggons zum **Sporthotel Reißeck**, 2250 m, nach anderen Angaben 2287 m, wo der Wanderteil beginnt.
Es geht durch anfangs stark genutztes Gelände – Stauseen, Skilauf im Winter – in etwa 1¼ Stunden auf das **Riekentörl**. Der Steig ist felsig, manchmal rutschig. Vom Riekentörl zieht er sich am Südhang eines Kammes nach rechts entlang. Die wilden Geröllhalden sind entschärft. Große Steine wur-

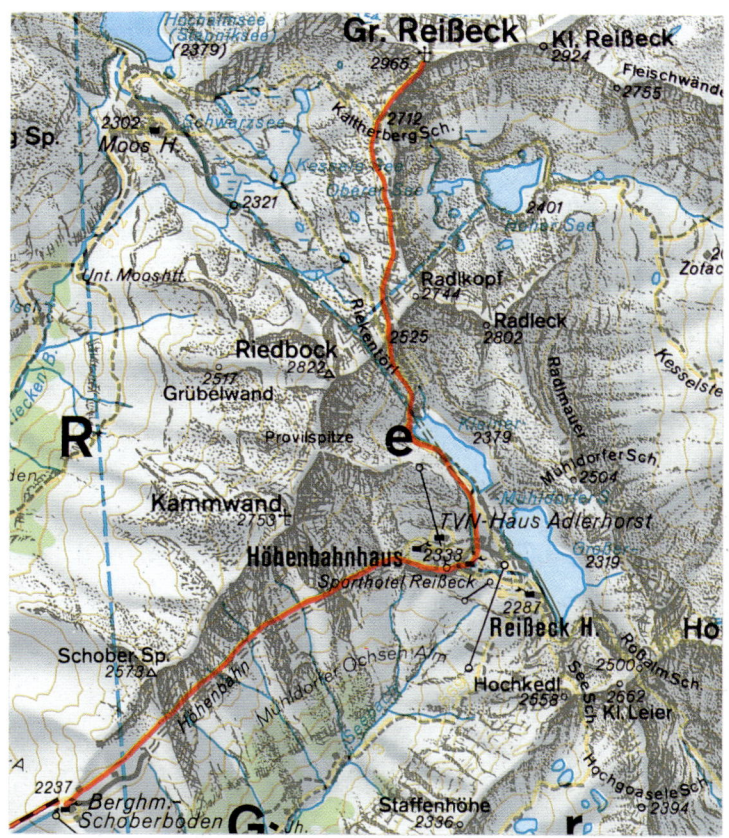

den zu einem Plattensteig gelegt (»Geröllautobahn«). Der nächste markante Punkt ist die **Kalte Herbergscharte**. Hier sieht man nach Norden auf zwei Stauseen hinunter. Es folgt geradeaus der letzte Aufstiegsteil zum Großen Reißeck. Er ist steil, aber nirgends ausgesetzt. Die Hände sind an einigen Stellen nützlich. Der **Gipfel** ist so ausgedehnt, daß man sich dort angstfrei bewegen kann. Alpine Bergwanderer wissen, daß sie von hier oben ein Teilstück des Reißeck-Höhenweges sehen können, der in rund zehn Stunden Gehzeit von der Bergstation aus die große Querung hinüber zum Dösener See bei Mallnitz anbietet.

Stichwortverzeichnis

Die Zahlen hinter den Begriffen geben die Seitenzahlen an.